Jasmin Geisler

Die faire Kita

Nachhaltige Projekte, die Kinder begeistern

HERDER
FREIBURG · BASEL · WIEN

Inhalt

Danke

An dieser Stelle möchte ich mich bei all denjenigen bedanken, die mich während der Anfertigung dieses Buches unterstützt und motiviert haben. Ein besonderer Dank gilt allen bundesweiten FairenKITAs, die mir tolle Inspirationen für meine tägliche Arbeit geben, die mir einen Einblick in ihre Praxis ermöglichten und großartige Fotos zur Verfügung gestellt haben.

www.herder.de

Covermotiv: ©freepik/AdobeStock
Gesamtgestaltung und Satz: Uwe Stohrer, Freiburg
Lektorat: Caroline Baumer, Freiburg
Herstellung: PNB Print Ltd
Printed in Latvia

Aus Umweltschutzgründen wurde dieses Buch ohne Folie produziert.
ISBN (Print) 978-3-451-38644-2
ISBN E-Book (PDF) 978-3-451-81923-0
In Kooperation mit FaireKita

Zukunft leben: die FaireKITA

„Wir sind eine FaireKITA!" Eine Kita, in der es fair zugeht! Damit ist mehr gemeint als ein faires Miteinander zwischen den Kindern und Erwachsenen. Denn Fairer Handel, faire Beschaffung, Bildung für nachhaltige Entwicklung und Globales Lernen gehören zum Alltag und Lernen der Kinder in einer FairenKITA.

In diesem ganzheitlichen Konzept wird Vielfalt und der Eine-Welt-Gedanke mit allen Sinnen erfahrbar. Das Projekt FaireKITA orientiert sich an den Leitgedanken einer zukunftsfähigen Entwicklung, wie sie in den globalen Nachhaltigkeitszielen und der Agenda 2030 gefordert werden. Es zeigt die Verbindungen zwischen lokaler und globaler Ebene auf und beschäftigt sich mit globalen gesellschaftlichen Ungleichheiten. FaireKITA gibt und ist eine Antwort auf die Globalisierung und die damit verbundenen Auswirkungen. Fühlen, Denken, Urteilen, Handeln, Identität und Weltsicht kommt eine hohe Bedeutung zu – sie sind zentrale Lernfelder.

Spielerisch und mit allen Sinnen können Kinder lernen, dass die Waren, von denen sie umgeben sind, eine Herkunft haben. Ein Blick über den Tellerrand zu Familien in anderen Teilen der Welt, die z. B. Obst für unser Frühstück anbauen, unterstützt Kinder darin, die Welt zu verstehen. Kinder lernen in einer FairenKITA Zusammenhänge kennen, die ihr Weltverstehen und ihr Gerechtigkeitsempfinden schärfen. Sie lernen, mit Vielfalt respektvoll umzugehen, und werden auf ein Leben in der globalisierten Welt vorbereitet. Das alles gelingt ganz ohne erhobenen Zeigefinger. Statt trockenes Wissen zu vermitteln oder den Kita-Rucksack gar mit schweren moralischen Themen zu beladen, begeistern die Projekte die Kinder für einen positiven Zugang zur Welt und zu Vielfalt.

Nach einer kurzen Hinführung, was Bildung für nachhaltige Entwicklung bedeutet, finden Sie Anregungen, wie Sie die ersten ganz konkreten Schritte auf dem Weg zur FairenKITA machen können: im Team, mit den Eltern und mit den Kindern.
Im Hauptteil des Buchs werden nachhaltige Projekte rund ums Jahr vorgestellt. Kurze Hintergrundinformationen zum jeweiligen Thema, Materialtipps sowie Impulse für Eltern-Kind-Aktionen und Ideen für die Arbeit im Kita-Team erleichtern den Zugang zum Thema. Im Zentrum aber steht das Tun der Kinder. Projektideen und direkte Einblicke in die Praxis zeigen, wie viel Spaß Nachhaltigkeit und Fairness in der Kita machen können. Von der Bienenrettung über einen stromfreien Tag bis zur Frage „Warum ist die Banane krumm?" lernen die Kinder nicht nur spannende Zusammenhänge kennen, sondern verändern spielend die Welt. So spielt die Zukunft!

FaireKITA

Das Projekt FaireKITA ist seit 2013 ein Angebot des Netzwerks Faire Metropole Ruhr. Dieses hat zum Ziel, Bildung für nachhaltige Entwicklung (BNE) und Globales Lernen nachhaltig in der Frühpädagogik zu verankern. Am Beispiel der Themen Fairer Handel und faire Beschaffung sollen Kinder, pädagogische Fachkräfte und Eltern für einen nachhaltigen und fairen Konsum sensibilisiert werden.
Seit 2016 ist es für Kitas in allen Bundesländern möglich, sich für ihr Engagement in der Umsetzung von Themen des Globalen Lernens und dem Fairen Handel auszeichnen zu lassen. Mehr Infos und Eindrücke unter: www.faire-kita.de.

1. Fair und nachhaltig in der Kita

1.1 Was bedeutet Bildung für nachhaltige Entwicklung (BNE) und Globales Lernen?

Das Ziel von BNE besteht darin, allen Menschen Lernwege zu einer nachhaltigen Entwicklung zu eröffnen. Diese sollen es ermöglichen, sich Wissen und Werte anzueignen sowie Verhaltensweisen und Lebensstile zu erlernen, die zu einer lebenswerten Zukunft und einer positiven gesellschaftlichen Veränderung führen. Entscheidend für diesen Ansatz ist ein positives Menschenbild. Statt Menschen nur als Ursache von globalen Umwelt- und Entwicklungsproblemen wahrzunehmen, werden sie auch als (mögliche) Gestalter und Gestalterinnen einer nachhaltigen Entwicklung betrachtet. Hieraus ergeben sich besondere Anforderungen an die Inhalte und die Methodik.

So umfasst BNE Schlüsselthemen, mit denen die Auswirkungen ökologischer, sozialer und ökonomischer Prozesse sichtbar werden und anschlussfähig an den Alltag der Menschen sind. „Wer macht eigentlich unsere Bananen?" kann beispielsweise ein spannender Zugang zum Thema Nachhaltigkeit und Gerechtigkeit in der Kita sein.

Zu den methodischen Grundsätzen der BNE gehört die Beteiligung (Partizipation) der Menschen. In der Kita lernen Eltern, Kinder und pädagogische Fachkräfte gemeinsam. Sie alle sollen den Bildungsprozess mitbestimmen, den Fortbildnern und Fortbildnerinnen obliegt die Rolle einer Lernbegleitung. Unter dem Motto „Global denken – lokal handeln" werden Lernangebote entwickelt, die sich an den Interessen von Kindern und Jugendlichen ausrichten. Denn nur wenn zukünftige Generationen von klein auf – und mit Begeisterung – für diese Inhalte sensibilisiert werden, wird dazu beigetragen, dass das Konzept einer nachhaltigen Entwicklung in den Mittelpunkt der Gesellschaft rückt.

Globales Lernen ist ein Teilbereich der Bildung für nachhaltige Entwicklung und betrachtet die Zusammenhänge zwischen der lokalen und globalen Ebene. Durch einen ganzheitlichen Blick auf die komplex vernetzte Welt beschäftigt sich Globales Lernen auch mit den Gefahren und Ungleichheiten der Einen Welt. Globale Gerechtigkeit, kulturelle Vielfalt, Solidarität und Partizipation sind wichtige Grundsätze, die den Ansatz prägen.

Zum Weiterlesen

- Informationsportal zu BNE: www.bne-portal.de
- Hans-Martin Große-Oetringhaus: Globales Lernen, Neues Lernen, kompetenzorientiertes Lernen, www.globaleslernen.de/sites/default/files/files/link-elements/theorie_globales_lernen.pdf
- Bundesweite Projektideen zu Globalem Lernen: www.kita-global.de und www.faire-kita.de

1.2 Arbeit im und mit dem Team zu BNE

Wo stehe ich selbst in der Auseinandersetzung mit Themen rund um die Bildung zur nachhaltigen Entwicklung? Wo verorte ich mich in Bezug zum Eine-Welt-Gedanken? Wie möchten wir uns als Team und Kita positionieren?

Die Fragen rund um BNE und Globales Lernen sind auch persönliche Fragen. Deshalb stellt die gemeinsame Auseinandersetzung im Team die Grundlage für die Arbeit mit den Kindern und Eltern dar. Begeistern Sie sich gemeinsam für die Vielfalt und feiern Sie unbedingt auch die kleinen Schritte und Erfolge.

Konzeptionstage

Verwenden Sie einen der zur Verfügung stehenden Konzeptionstage und laden Sie eine Referentin oder einen Referenten dazu ein. Der Tag sollte nicht nur Theorie enthalten, sondern auch einen großen Praxisblock mit Möglichkeiten zum Ausprobieren. Dadurch wird ein partizipativer Prozess im Team angestoßen.

Weltverteilungsspiel

Als Methode zum Einstieg eignet sich das Weltverteilungsspiel (www.bildung-trifft-entwicklung.de/didaktische-materialien.html), das die Aspekte Weltbevölkerung, Welteinkommen und den Weltenergieverbrauch der jeweiligen Kontinente in den Blick nimmt. Ist die heute existierende Verteilung gerecht? Was fällt Ihnen auf? Als Alternative zum Spiel gibt es auch einen Text zum Vorlesen („Wenn die Welt ein Dorf wäre"). Den Text gibt es als Druckvorlage oder auch als Video www.youtube.com, Suche: „Wenn die Welt ein Dorf wäre"

Ökologischer Fußabdruck

Wissen Sie, welchen Fußabdruck Sie auf der Welt hinterlassen? Bei „Brot für die Welt" (www.fussabdruck.de) können Sie den Test digital ausfüllen. Abgefragt werden Lebensräume, Konsumverhalten, Ernährung und Mobilität. Einigen Sie sich im Vorfeld, ob Sie im Team über die Ergebnisse sprechen möchten oder jede Person den Test nur für sich ausfüllt.
Legen Sie auch ein kleines Glas an, das sie gemeinsam im Team mit Ideen für Alternativen füllen. Verschließen Sie das Glas für ein Jahr. Welche Ihrer Ideen haben Sie in dieser Zeit umgesetzt?

1.3 Elternarbeit zu BNE

Warum ist Globales Lernen wichtig? Wieso sollte sich mein Kind mit Fairem Handel und Fragen zur Gerechtigkeit auseinandersetzen? Ist das nicht eine große Belastung, vor der wir Kinder schützen sollten?
Nehmen Sie Eltern mit ihren Sorgen, Befürchtungen und Fragen zu Nachhaltigkeit ernst und ermöglichen Sie ihnen, die Projekte aktiv mitzugestalten. Für manche Familien ist es möglicherweise die erste Begegnung und Auseinandersetzung mit Fragen, Antworten und Möglichkeiten rund um den Fairen Handel. Geben Sie Eltern und Großeltern darum ausreichend Gelegenheit, Ihre Ziele, Aktionen und Projekte im Sinne einer nachhaltigen Entwicklung kennenzulernen. Machen Sie dabei deutlich, dass es sich bei BNE um einen wichtigen Baustein für die kindliche Entwicklung handelt und die Freude beim Entdecken der Nachhaltigkeitsthemen im Vordergrund steht. Kinder sollen für die Schönheit der Vielfalt und die Erhaltung dieser sensibilisiert und motiviert werden.

Wandzeitung

Wandzeitungen bieten sich an, um Lernprozesse anschaulich zu dokumentieren. Hier können sowohl die einzelnen Arbeitsschritte sichtbar gemacht als auch die Ergebnisse aus dem Prozess präsentiert werden.

Elternabende

Laden Sie eine Referentin oder einen Referenten zum Thema BNE ein. Dadurch geben Sie den Eltern fachlichen Input und bieten ihnen die Gelegenheit, all ihre Fragen, Vorbehalte oder Ängste einzubringen und zusammen zu diskutieren.

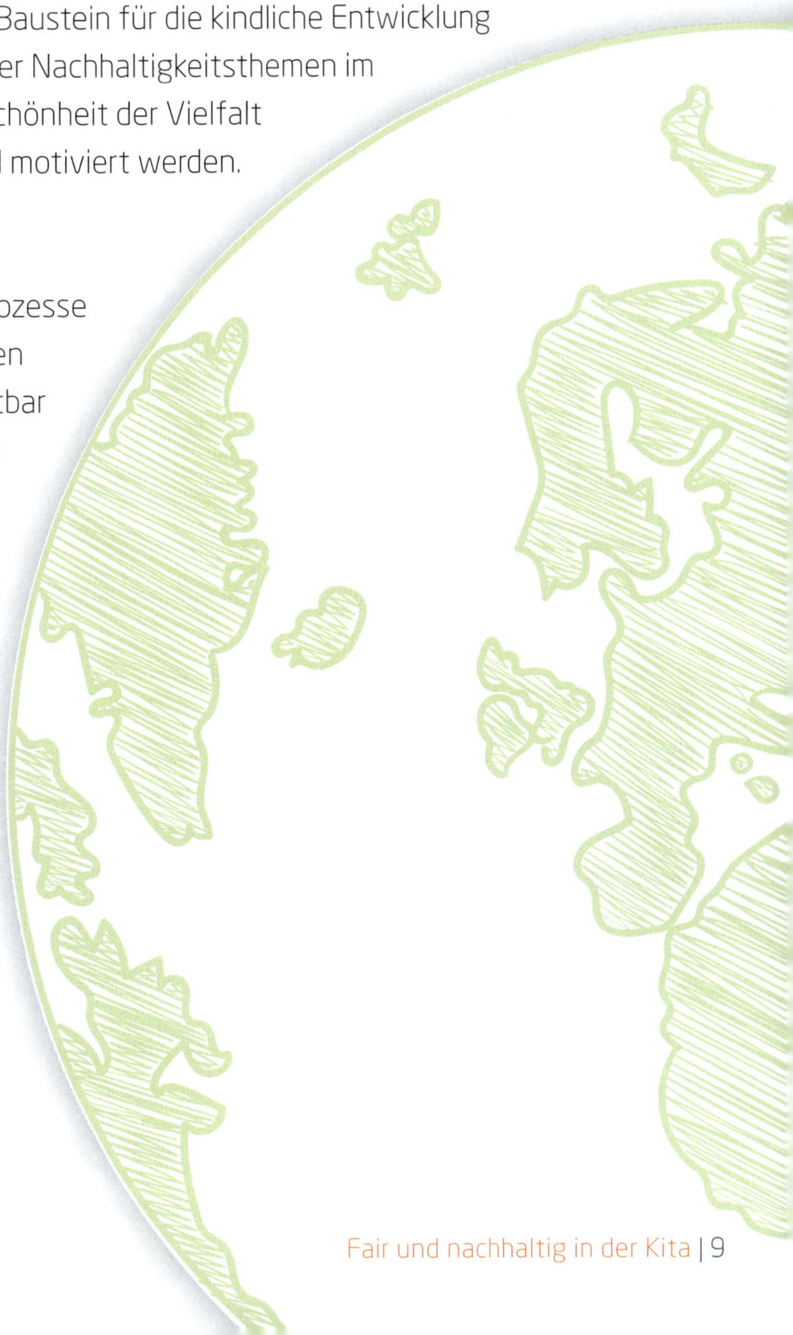

Kita-Zeitung

Durch eine halb- oder vierteljährlich erscheinende Kita-Zeitung können Sie alle Eltern über Ihre Aktivitäten informieren.

Eltern-Koch-Abend

Kochen Sie zusammen mit den Eltern ein faires Menü. In ungezwungener Atmosphäre können Sie bei der Koch-Aktion nicht nur Informationen zum Fairen Handel vermitteln, die Eltern können die Produkte beim gemeinsamen Essen auch direkt selbst testen.

1.4 Konsumalternativen: Tauschen – Reparieren – Teilen

Auch die weitesten Wege beginnen mit dem ersten Schritt. Diese Erfahrung machte nicht nur Konfuzius, auch Ihre Kita durfte sicher schon nach einem großen Projekt stolz auf den kleinen Anfang zurückblicken. Statt von heute auf morgen die gesamte Kita-Konzeption umzugestalten, ein riesiges Nachhaltigkeits-Projekt zu entwerfen oder sich durch unzählige Materialordner und Webseiten zu wühlen, dürfen Sie auch beim Thema FaireKITA mit einem ersten, einfachen Schritt beginnen. Ob Foodsharing, Repair-Cafés, solidarische Landwirtschaft oder Tauschregale: Viele Menschen suchen Alternativen zur Wegwerfgesellschaft und zum klassischen Konsum. Dies kann auch in der Kita gelingen. Die hier vorgestellten Ideen lassen sich ohne längere Vorlaufzeit umsetzen und machen so viel Spaß, dass sie motivieren, nach dem ersten Schritt direkt den zweiten zu gehen.

Kleidertausch-Partys

Tauschen statt neu kaufen! Unter diesem Motto können Sie Eltern einladen, um bei Kaffee und Kuchen Kinderkleidung zu tauschen. Beachten Sie hierbei folgende Regeln:

- Zum Tausch können gut erhaltene Kleidungsstücke, Schuhe, Taschen und Accessoires mitgebracht werden.
- Alle Tauschgegenstände sollten sich in einem Zustand befinden, in dem man sie auch guten Freunden und Freundinnen schenken würde.
- Die Kleidungsstücke müssen gewaschen, fleckenfrei und ohne Mängel sein. Unterwäsche und Socken sollten nicht zum Tausch angeboten werden.

Tauschregale, Tauschschränke oder Tauschhaus

Bei Tauschregalen, Tauschschränken und Co. sind die Tauschenden nicht auf einen festen Termin angewiesen. Das hat den Vorteil, dass sich sehr viele Menschen immer wieder gegenseitig eine Freude machen können. Getauscht werden kann alles, was sich in einem guten Zustand befindet, also sauber, funktionsfähig und vollständig ist: Spielzeug, Bücher, Kleidung ...
Neben Kindern können auch Erwachsene den Tisch oder das kleine Holzhaus vor der Kita zum Tauschen nutzen. Die Regeln für den Tauschvorgang sollten nicht zu strikt sein: Wer etwas herausnimmt und aktuell keinen Gegenstand hat, um ihn wieder hineinzulegen, kann das einige Tage später nachholen.

Repair-Café

Als Eltern-Kind-Aktion bereitet es Groß und Klein viel Freude, wenn defektes Spielzeug wieder zum Leben erweckt wird. Prüfen Sie deshalb, ob es in der Elternschaft oder im Team eine Person gibt, die über größeres handwerkliches Geschick verfügt. Oder gibt es in Ihrer Region bereits ein Repair-Café, das Sie gemeinsam besuchen können? Infomaterial und Adressen für Repair-Cafés finden Sie unter www.repaircafe.org/de.

1.5 Ressourcen schonen: Ideen für die ganze Kita

Viele Ressourcen, die wir nutzen, sind endlich. Nachhaltigkeit bedeutet deshalb immer auch, die Umgebung und das eigene Verhalten auf einen möglichst schonenden Umgang mit Ressourcen zu überprüfen. Fast alle Bereiche des Kita-Alltags bieten Potenzial, um den eigenen Verbrauch – gemeinsam mit dem Team, den Eltern und den Kindern – zu optimieren.

Nachhaltigkeit ...

... bei der Nutzung von Energie

- Den eigenen Energieverbrauch unter die Lupe nehmen mithilfe des oft kostenlosen (oder kostengünstigen) Angebots kommunaler und regionaler Energieberatungen; solche Angebote können beim zuständigen Umweltamt erfragt werden
- Überprüfen, ob die Heizungsanlage die ganze Nacht oder während Wochenenden/Schließungszeiten heizt; eine Überprüfung kann durch den Hausmeister- oder technischen Dienst erfolgen
- Glühlampen oder alte Leuchtstofflampen nach Verbrauch durch energiesparende Leuchtmittel ersetzen
- Wechsel zu Ökostrom überprüfen, z. B. https://utopia.de/ratgeber/oekostrom-tarife-vergleich

... im Umgang mit Lebensmitteln und Müll

- Reduzieren von Müll durch eigene Herstellung: Anbau von Kräutern, Gemüse, Backen von Brot etc.
- Nutzen von plastikfreien Verpackungen (z. B. Mehrwegglas, unverpacktes Obst und Gemüse, Soja-Wachstuch ...)
- Mülltrennung
- Reparieren mithilfe von (Groß-)Eltern oder in Kooperation mit Repair-Cafés (s. S. 11)

... im Büro

- Einkauf von Recycling-/nachhaltigen Produkten im lokalen Handel
- Bestellung bei ökologischem Versandhandel (z. B. www.memo.de)
- Bei www.nachhaltige-beschaffung.info gibt es einen Leitfaden zum nachhaltigen Erwerb von Bürobedarf

... in der Küche

- Pflanzliche Vielfalt genießen: In Deutschland entfallen auf die Ernährung ca. 20 % aller Treibhausgase, ungefähr die Hälfte davon entsteht bei der Erzeugung tierischer Lebensmittel (insbesondere Fleisch und Milchprodukte); Obst und Gemüse möglichst saisonal einkaufen
- Einkauf aus regionaler Erzeugung verringert den Transportweg und die dadurch entstehenden CO_2-Emissionen
  Einkäufe und Bestellungen möglichst genau planen, um Überschüsse zu vermeiden
- Wenn möglich, frisch kochen; naturbelassene Produkte sind nicht nur für die Gesundheit gut, sondern auch für das Klima
- Die Agrar Koordination bietet individuelle Situationsanalysen und Beratung an, wo in der jeweiligen Einrichtung am besten angesetzt werden kann, um eine nachhaltigere Verpflegung voranzubringen; sie vernetzt auch mit regionalen Lieferanten, www.agrarkoordination.de

... bei der Reinigung

- Beschränkung auf kleine, aber wirksame und weniger schädliche Produktpalette
- Überprüfung der Inhaltsstoffe
- Genaue Dosierung und Einsatz effektiver Geräte, um Verschwendung zu vermeiden
- Reflexion des Arbeits- und Gesundheitsschutzes bei der Reinigung
- Konkrete Hinweise finden sich in der Broschüre „Schwamm drüber – Umweltschonende und gesundheitsbewusste Reinigung in öffentlichen Einrichtungen", http://www.zukunft-einkaufen.de/fileadmin/Bilder/Publikationen_ZE/Broschuere_ZE_Schwamm_drueber_2013.pdf

... im Außengelände

- Anlegen von Kräuter-/Gemüse-/Blumenbeeten (Unterstützung und Inspiration bieten www.kinder-garten.de oder Kooperationen mit lokalen Kleingartenvereinen, Gemeinschaftsgärten)
- Gemeinsame Gestaltung verschiedener Lebensräume (Hecken, Bäume, Grünstreifen, Totholzberge, Laubhaufen, flache Wasserstellen)
- Anbieten von Nisthilfen (Nistkästen, Steinhaufen, Hecken, Sträucher)
- Aufstellen von Insektenhäusern

- Gestaltung von Bienenweiden
- Verwendung von Sand und Asche statt Streusalz im Winter

... im Bereich Mobilität

- Aktionen zur sicheren Benutzung von öffentlichem Nahverkehr, z. B. in Kooperation mit lokalem ÖPNV-Anbieter
- Anfahrt zu Ausflügen mit öffentlichem Nahverkehr
- Hinweis auf Homepage zur Erreichbarkeit der Einrichtung mit ÖPNV
- Kindern ermöglichen, das Fahren mit emissionsfreien Fahrzeugen (Roller, Fahrrad ...) zu üben

... bei Festen

Essen

- Verarbeitung von Bio-Produkten, wenn möglich aus der Region
- Produkte, die aus Ländern des globalen Südens stammen (z. B. Bananen, Schokolade ...), aus Fairem Handel erwerben
- Fleisch nur in geringen Mengen, vegetarische und vegane Auswahl an Speisen
- Genaue Absprachen und exakte Planung sorgen für das Vermeiden von Lebensmittelverschwendung

Geschirr

- Anstelle von Einweggeschirr Kita-Geschirr oder von den Familien selbst mitgebrachtes Geschirr benutzen
- Falls sich Einweggeschirr nicht vermeiden lässt, nachhaltigere Alternativen als Plastik nutzen
- Behälter zum Mitnehmen von Resten bereitstellen

Dekoration

- Deko kann mit den Kindern gemeinsam aus wertfreiem Material gestaltet werden, z. B. Pompons aus Wollresten, Girlanden aus Stoffresten alter T-Shirts, Windspiel aus Konservendosen und Stoffstreifen ...
- Einsatz von wiederverwendbarer Dekoration
- Schnittblumen werden oft per Flugzeug aus Südamerika oder Afrika eingeflogen und der Anbau ist nur selten ökologisch und sozial nachhaltig für die Menschen gestaltet; Alternativen dazu sind Blumen von der Wiese oder beim Einkauf auf fair gehandelte Blumen zu achten

Müll

- Vermeidung von Müll, z. B. durch Verzicht auf Einweggeschirr
- Den Müll vor Ort trennen, indem unterschiedliche Abfallbehälter zur Verfügung stehen

Kommunikation

- Bei Werbung und Einladungen für das Fest auf ressourcenschonenden Einsatz von Rohstoffen achten, indem umweltfreundliches recyceltes Papier genutzt wird (z. B. Blauer Engel)
- Stückzahl realistisch einschätzen
- Im Stadtteil aushängen anstelle vieler Flyer, die zum Mitnehmen ausliegen
- Wenn extern gedruckt wird, eine ökologische Druckerei nutzen

1.6 Nachhaltigkeitsbericht

Die Entwicklung einer Kita hin zu einem ganzheitlich nachhaltigen (Lern-)Ort ist ein Prozess, der Zeit braucht und verschiedene Vorstellungen und Interessen in Einklang bringen muss. Deshalb kann es hilfreich sein, sich mit anderen Einrichtungen, die sich auf den Weg gemacht haben, zu vernetzen. Um das eigene Engagement nach außen zu zeigen und andere Einrichtungen zu inspirieren, bietet es sich an, die eigene Umsetzung mit einem Nachhaltigkeitsbericht zu dokumentieren. Dabei können Sie sich z. B. an den Berichten der FairenKITAs „Villa Kunterbunt" aus Dinslaken (www.villa-kunterbunt dinslaken.de) und der städtischen Kita „Rudolph-Nagell-Straße" aus Lünen (www.iz3wdo.de/de/projekte/nachhaltigkeit-in-der-kita) orientieren.

1.7 Nachhaltigkeit von A bis Z

Nachhaltigkeit erstreckt sich über zahlreiche Lebensbereiche und kann unseren Alltag auf vielfältige Art und Weise gestalten – auch schon in der Kita: von der Frage, wie Kinder und pädagogische Fachkräfte in die Kita kommen, über den Umgang mit Müll oder Strom bis zu unserer Haltung gegenüber Menschen, die wir als anders wahrnehmen. Um die Bandbreite an Themen zu zeigen, die gemeinsam mit den Kindern aufgenommen werden kann, folgt ein kurzes Nachhaltigkeits-Alphabet.

Nachhaltigkeit in der Kita von A bis Z

Artenschutz
Bienenrettung
Courage
Dauerhaft
Erneuerbare Energie
Fairer Handel
Gewässerschutz
Hochbeete
Insektenhotel
Jubeln (Erfolge feiern)
Kompost
Lernen
Mülltrennung
Natürlich bunt
Omnibus fahren
Plastikfrei
Querdenken
Ressourcen sparen
Stromfrei
Tauschen/Teilen
Upcycling
Vielfalt
Wertfreies Material
Sich kein X für ein U vormachen lassen
YIN und YANG
Zukunft gestalten

2. Hier spielt die Zukunft: nachhaltige Projekte rund ums Jahr

2.1 Frühling

2.1.1 Gärten anlegen

Durch ein Kita-Beet können Kinder mit allen Sinnen erleben, was globale Gerechtigkeit und Nachhaltigkeit unter anderem in Bezug auf Ernährung bedeuten. Sie graben, rechen, pflanzen, gießen, ernten und schützen die Pflanzen. Auch erfahren sie ganz praktisch, dass es saisonales und regionales Obst, Gemüse und Kräuter gibt.
Die gewählten Pflanzen sollten dabei möglichst robust sein und sich relativ schnell entwickeln. Im Optimalfall locken ihre Blüten und Blätter auch spannende Tiere an.
Übrigens braucht ein Garten nicht immer viel Platz. Wenn keine freie Gartenfläche vorhanden ist, können Kräuter und Co. in Blumentöpfe oder sogar alte Schuhe gepflanzt werden.

Hintergrund

Die Belastung und Zerstörung von Böden sind globale Probleme, die hohe Kosten verursachen. Durch diese Entwicklung nimmt die weltweite Nahrungsmittelunsicherheit zu, Konflikte um Land verschärfen sich und die Folgen des Klimawandels werden verstärkt. Bodenschutz ist deshalb existenziell, um Ernährung zu sichern, den Klimawandel abzufedern und als Biodiversitätsschutz.

Materialtipp

Saisonkalender für Obst und Gemüse: https://utopia.de/tag/saisonkalender

Informationen zum Bodenschutz finden Sie unter: www.grund-zum-leben.de

Impulse für Eltern-Kind-Aktionen

Hochbeete, Kräuterspiralen, Kompost, Wasser, Regenwürmer, Färberpflanzen wie auch Saisonkalender oder Saatgut- und Pflanzentauschbörsen sind tolle Aktionsthemen, die zusammen mit den Eltern angelegt und umgesetzt werden können.

Auch das Thema Ernährung kann gemeinsam mit den Eltern im Garten-Projekt aufgegriffen werden, denn Ernährungsgewohnheiten werden maßgeblich in den ersten Lebensjahren geprägt. Was nicht regional angebaut oder bezogen werden kann, könnte durch Produkte aus Fairem Handel ergänzt werden. Dies bietet die Möglichkeit, ein abwechslungsreiches, kindgerechtes und gesundes Ernährungsangebot für Kinder zu schaffen: in der Kita und zu Hause.

Projektideen, die begeistern

Gartenbuch

Legen Sie im Team ein Gartenbuch für die Kita an. Sie können in alten Gartenmagazinen oder Pflanzenkatalogen nach Pflanzenbildern suchen und die Pflanzen ausschneiden, die Sie sich für Ihre Kita wünschen. Indem Sie sie auf Pappe kleben, erhalten Sie den Umschlag für das Gartenbuch. Suchen Sie sich Informationen zur Pflanze heraus und übertragen diese auf verschiedene Seiten. Sie können hierzu auch bereits einseitig bedrucktes Papier verwenden, das spart Ressourcen. Zum Ende einfach alles zusammenbinden oder auf einen Schlüsselring aufziehen. Die Kinder können später die Seiten des Gartenbuchs weitergestalten: mit Ideen, Forschungen, Fotos oder wichtigen Hinweisen. So entsteht ein gemeinsames Buch, das wie die Pflanzen in der Kita immer weiter wächst.

Pflanzenschilder

Die Deckel von nicht verwendeten Einmachgläsern eignen sich als Namensschilder für Pflanzen. Sie können von den Kindern beschriftet und bemalt werden. Für die Schilder benötigen Sie zusätzlich zu den Deckeln eine Stechahle o. Ä., wasserfeste Stifte, alten Kleiderbügeldraht und eine Flachrundzange.
Mit der Ahle stechen Sie ein Loch in den Innenrand des Schraubdeckels für den späteren Haken. Stechen Sie ein weiteres Loch genau gegenüber, damit das Wasser ablau-

fen kann. Nachdem die Kinder die Deckel mit wasserfesten Stiften gestaltet haben, biegen Sie den Drahtbügel gerade und schneiden mit der Zange gleich lange Stücke ab. Diese werden (je nach Anbringung) zum Stiel oder Haken des Namensschilds. Wenn Sie den Draht durch das Loch im Schraubdeckel führen und ihn leicht biegen, können sie ihn nach Wunsch befestigen und die Namensschilder im Garten verteilen.

Steinkäfer

Kleine Gartenbewohner und -bewohnerinnen machen sich optisch gut zwischen den Pflanzen. Kinder können hierfür gereinigte Steine mit einem Bleistift bemalen und diese Linien später mit Farbe nachziehen. Nach dem Trocknen empfiehlt sich eine dünne Schicht Lack, damit die Farbe im Regen hält. Die kleinen Steinkäfer können nach dem Trocknen überall im Beet verteilt werden. In einem kleinen Kästchen oder einer Streichholzschachtel eignen sich diese kleinen Glücksbringer auch zum Verschenken.

Einblick in die Praxis

Abenteuer Kinder-Garten

Die städtische Kita „Franzbrunnen" in Saarbrücken legte in Kooperation mit einer lokalen Gärtnerei einen 1.400 m^2 großen „Kinder-Garten" an. Das Außengelände ist sehr naturnah gestaltet. Sandstein und Holz bieten den Kindern viele Möglichkeiten, ihren Bewegungsdrang auszuleben. Es gibt einen Tee- und Kräutergarten sowie selbst gebaute Hochbeete für das tägliche Frühstück. Kinder lernen in ihrem Garten die Themenvielfalt Nachhaltigkeit, Regionalität und Gerechtigkeit kennen. Da sie die Arbeitsschritte vom Anbau bis zur Ernte kennenlernen, steigt ihre Wertschätzung für Lebensmittel.

Kräuterspirale und Backhaus

Dass Garten und Ernährung zusammengehören, zeigt die Kräuterspirale der städtischen Kita „Rudolph-Nagell-Straße" aus Lünen, die zusammen mit den Eltern angelegt wurde. Ein Highlight ist auch das selbst gebaute Backhaus.

Bunter platzsparender Garten

Nicht immer muss für ein Garten viel Platz zur Verfügung stehen. Mithilfe von alten Autoreifen oder Schuhen kann ein bunter, kleiner Garten entstehen, z. B. ein Färbergarten. (Essbare) Pflanzen, die sich für eine Kita eignen, sind z. B. Duftveilchen, Lavendel, Malven und Kornblumen.

2.1.2 Bienenrettung

Bienen erzeugen nicht nur Honig, sie nehmen auch eine zentrale Rolle im Erhalt unseres Ökosystems ein, denn ihre Bestäubung sichert uns die Vielfalt des Nahrungsmittelangebots. Gerade Wild- und Honigbienen sind verantwortlich für gute Ernten und ökologische Artenvielfalt. Glücklicherweise gibt es viele Möglichkeiten, um sie anzulocken und die Kita bienenfreundlich zu gestalten.

Hintergrund

Obwohl die Abhängigkeit der Landwirtschaft von blütenbestäubenden Insekten wie der Biene steigt, nimmt ihre Zahl ab. Dafür gibt es nach Angaben des Helmholtz-Zentrums mehrere Gründe: Krankheiten, eingeschleppte Konkurrenten und Feinde aus Übersee sowie der Klimawandel werden genannt. Besonders aber leiden die Bienen stark unter der Intensivierung der Landwirtschaft, der Monokultur und unter den dort eingesetzten Pestiziden. Neben dem Verzicht auf Pestizide helfen deshalb Gärten mit vielerlei Blüten und unterschiedlichen Fruchtfolgen, damit die Bienen wieder ausreichend Nahrung finden.

Impulse für Eltern-Kind-Aktionen

Jetzt wird gefeiert! Ein Samen- und Pflanzentauschfest kann dabei unterstützen, Eltern für das Thema zu begeistern. Das Anfertigen von Samenbomben oder das Pflanzen von bienenfreundlichen Blumen in der Kita machen nicht nur Spaß, sondern bieten Anlass, um mit den Familien über Nachhaltigkeit ins Gespräch zu kommen.

Materialtipp

Bienenfreundliche Pflanzen und weitere Informationen:
www.nabu.de/umwelt-und-ressourcen/oekologisch-leben/balkon-und-garten/tiere/insekten/20386.html

Bestäuber in Not: www.bienenjournal.de/news/meldungen/bestaeuber-in-not

Liebe Eltern,

wir laden Sie herzlich zu unserer

Pflanzentausch-Börse ein.

Ob Jungpflanze, blühende Stauden, Kräuter oder Saatgut - Pflanzen - bei uns darf getauscht werden.
Wir lieben die Natur und wir lieben Bienen – helfen Sie uns, sie zu retten und mit uns einen Beitrag zu leisten, um Artenvielfalt zu erhalten!

Wildbienen, die kleinen Helfer, die Großes leisten:

- Sie bestäuben in der Natur, sowie im Obst-und Gemüseanbau
- Sie bestäuben effizienter als Honigbienen
- Sie sind auch unterwegs, wenn es der Honigbiene zu kalt oder zu nass ist

Projektideen, die begeistern

Ideenbörse

Überlegen Sie sich im Team eine Ideenbörse rund um das Thema Bienen. Vom Besuch eines Imkers oder einer Imkerin über eine Bienenschule bis zu einer Bienenpartnerschaft oder zum Backen mit Honig – lassen Sie Ihrer Fantasie freien Lauf.

Samenbomben: explodierende Pflanzenvielfalt

Boom! Wenn eine Samenbombe explodiert, muss man sich zum Glück nicht die Ohren zuhalten. Sie wird einfach auf eine erdige Stelle geworfen und wartet auf Regen. Wird sie nass, saugt sich die getrocknete Kugel mit Wasser voll und die Pflanzenvielfalt beginnt zu keimen!

Aufgrund dieser einfachen Handhabung eignet sie sich als Geschenk beim Sommerfest – oder für eine Aktion in der Innenstadt. Die städtische Kita „Rudolph-Nagell-Straße" beispielsweise produzierte die grünen Bomben (s. Rezept) und gestaltete eigene Handzettel, um auf das Thema Bienensterben in der Lüner Innenstadt aufmerksam zu machen.

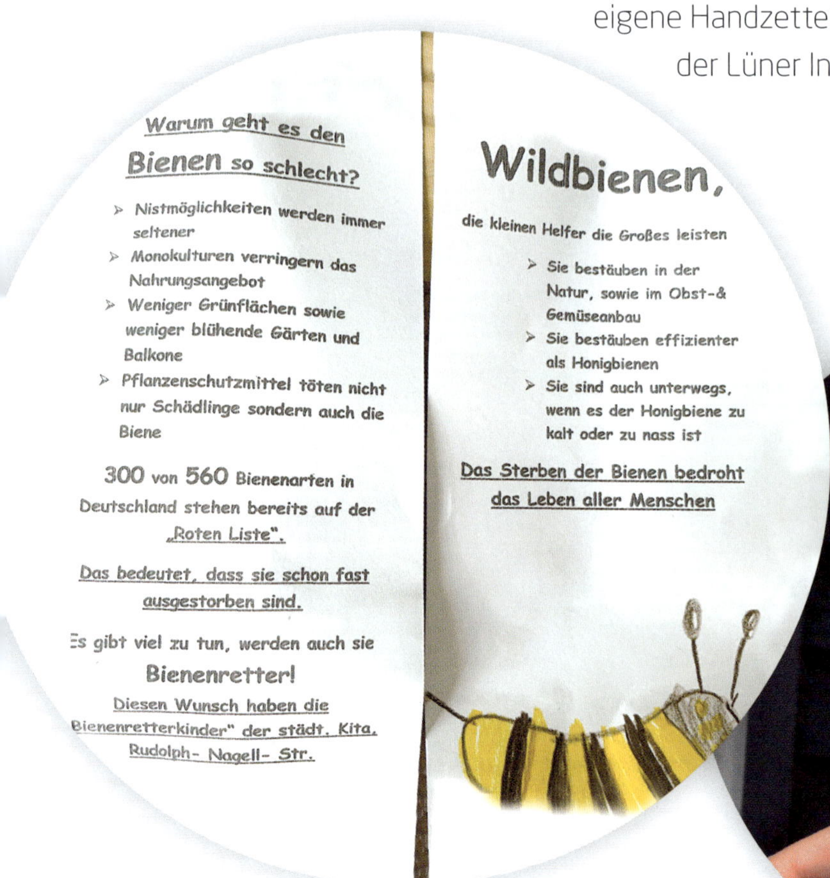

Müsli-Honigkekse

Den Backofen auf 175 °C Ober-/Unterhitze vorheizen. Zwei Backbleche mit Backpapier auslegen.
120 g Apfelmus, 90 g Honig und 2,5 EL Sonnenblumenöl verquirlen. 200 g Haferflocken, 100 g Mehl (Type 550), 1 Prise gemahlene Vanille und 1 Prise Salz vermengen und unter die anderen Zutaten rühren. Mit 50 g Nüssen (Mandeln, Sonnenblumenkernen oder Leinsamen), 50 g Trockenfrüchten (Kirschen oder Aprikosen) und optional 1 TL Zitronensaft mischen. Kleine Kugeln formen und flach drücken – auf dem Blech verteilen. 12 Min. backen, wenden und weitere 12 Min. backen. Fertig!

Quelle: Rezept nach www.backenmachtgluecklich.de

Rezept für Samenbomben

500 g Blumenerde
150 g Saatgut
250 g Bio-Katzenstreu

Alle Zutaten gut mit etwas Wasser verrühren und zu kleinen Kugeln formen. Auf einem Backblech für etwa 4 Std. im Backofen bei 50 °C trocknen. Die Samenbomben können in kleinen Papiertüten verschenkt werden.

Quelle: Rezept der städtischen Kita „Rudolph-Nagell-Straße“

Einblick in die Praxis

Honig auf der ganzen Welt

Wo kommt eigentlich der Honig her? In der städtischen Kita „Schillerstraße“ in Eschborn lernten die Kinder zunächst die verschiedenen Bienenarten sowie die Werkzeuge und das Zubehör der Imker und Imkerinnen zur Honigproduktion kennen. Imkereien gibt es aber nicht nur in Deutschland oder Europa, sondern auf der ganzen Welt. Ein Teil des Honigs im Supermarkt wird also erst nach Europa importiert. Dass sowohl bäuerliche Betriebe in Asien, Afrika als auch Lateinamerika sich wie der heimische Imker ein Zubrot mit der Produktion von Honig verdienen, macht die Verbindung zwischen diesen Lebenswelten deutlich. Darum ist es für alle wichtig, dass Honigprodukte einen fairen Preis haben. Den Abschluss der Bildungseinheit bildete ein Besuch des Bieneninstituts der Goethe-Universität in Oberursel.

Bienenschule

Über das Thema „Gesunde Ernährung aus aller Welt“ gelingt der Einstieg in ein Honigprojekt kinderleicht – am besten natürlich mit der Unterstützung eines Imkers oder einer Imkerin aus der Nachbarschaft. Der evangelische Kindergarten „Sonnenschein“ aus Marl machte sich so auf den Weg, die Bienen genauer unter die Lupe zu nehmen.

Gemeinsam mit dem heimischen Imker errichtete sie eine Bienenschule in der Kita, in der Kinder alles rund um das Thema erfuhren. Dort durften sie ein leeres Bienennest untersuchen, lernten, wie ein Volk aufgebaut ist, wie sich die Bienen ernähren und vieles mehr.

Fleißige Bastelbienen

Die Beschäftigung mit Bienen bietet nicht nur Anlass, sich mit der eigenen Region auseinanderzusetzen (echte Waben in einem Bienenstock anschauen, Besuch einer Imkerei, Blumenwiesen etc.), sondern lädt auch zum Kreativsein ein. Waben aus Toilettenpapierrollen und Pappe herzustellen oder kleine Bienen zu malen und zu basteln, sind nur einige Möglichkeiten, die „MyDagis – Die Kita im Kappelshof" und „Kita in der Wachsfabrik" in ihrem Projekt umgesetzt haben.

2.1.3 Insektenhotel

Der summende und brummende Frühling ist eine besonders gute Zeit, um Insekten aller Art zu beobachten. Wenn Sie im Frühling eine Nisthilfe anlegen, können auch Kleinstkinder ganz nah das wilde Treiben beobachten. Das Insektenhotel bietet den sechsbeinigen Krabblern aber auch im Winter Schutz, weshalb sie gerne das ganze Jahr zu Gast sind!

Hintergrund

Insekten sind wichtig und nützlich, da sie Pflanzen bestäuben und Schädlinge wie Blattläuse fressen. Mit einem Insektenhotel können wir Insekten schützen und beobachten, da es ihnen Nist- und Überwinterungshilfe bietet. Die Unterkunft für Insekten kann in ganz unterschiedlichen Größen gebaut werden. Meist bietet sich aber eine Art Kasten an, der senkrecht aufgestellt wird und mehrere Fächer enthält. Die Fächer werden mit verschiedenen Materialien (z. B. Holzspäne oder Ziegel) ausgestattet, um unterschiedlichen Insektenarten ein Zuhause zu bieten. Ein Dach über dem Kasten schützt vor Wind und Regen. Der ideale Standort für ein Insektenhotel ist sonnig und wettergeschützt zugleich.

Materialtipp

Bauanleitungen für Insektenhotels: www.nabu.de/tiere-und-pflanzen/insekten-und-spinnen/insekten-helfen/00959.html

Kostenlose NABU-App „Insektenwelt" zum Bestimmen der häufigsten heimischen Insekten (mit fotografischer Erkennungsfunktion): www.nabu.de/tiere-und-pflanzen/aktionen-und-projekte/insektensommer/mitmachen/24466.html

Aktionsheft, Lieder und Malvorlagen zur kleinen Raupe Nimmersatt und ihrer Entwicklung zum Schmetterling: www.nabu.de/raupenimmersatt

Impulse für Eltern-Kind-Aktionen

Bieten Sie den Bau eines etwas größeren Insektenhotels als Eltern-Kind-Aktion an und kommen Sie ins Gespräch, warum Insektenhotels – nicht nur in der Kita – sinnvoll sind. Sie bieten eine Alternative zu den immer knapper werdenden natürlichen Lebensräumen der Tiere.

Projektideen, die begeistern

Gästebuch

Legen Sie für die gemeinsame Arbeit in der Kita ein Gästebuch (Insektenbuch) für die Kinder an. Dieses kann selbstverständlich gemeinsam mit den Kindern weiterwachsen: Recherchieren Sie zusammen die Namen und Eigenheiten der neu beobachteten Insekten in Büchern oder der NABU-App (s. Materialtipp, S. 25) und sammeln Sie Ihre Ergebnisse im Gästebuch.

Palast aus Backstein

Für diesen kleinen Palast benötigen Sie drei Lochplatten (ca. 30 cm breit), acht Ziegelsteine, Stöckchen und Äste sowie einige Stöcke aus Bambus (von innen hohl).
Legen Sie zwei Backsteine breit auf die Erde mit etwas Platz zwischen den Steinen als Zwischenraum. Dieser wird später befüllt. Legen Sie nun eine Lochplatte darüber. Die nächste Etage Ihres Palasts bauen Sie, indem Sie zwei weitere Backsteine außen auf die schmale Seite der Lochplatte setzen. Legen Sie auch hier wieder eine Lochplatte auf die Backsteine usw. Den Abschluss auf der letzten Lochplatte bilden ebenfalls zwei Backsteine an den Seiten sowie ein Rohrstück oder ein Dachziegel in der Mitte. Nun können Sie die Zwischenräume aller Stationen mit den Ästen und Stöckchen befüllen.

Insektenhotel aus Bambus und Konserven

Öffnen Sie die Konservendose auf beiden Seiten, sodass ein Rohr entsteht. Den Hohlraum der Bambusstange verstopfen Sie auf einer Seite mit Watte, achten Sie aber darauf, dass sie ansonsten von innen frei ist. Danach schieben Sie die fertigen Bambusstangen straff durch die Dose. Die Konservendose bildet somit das Mittelelement, aus dem der Bambus beidseitig etwas heraussteht. Wichtig ist, dass Ihre Hotelzimmer an einem trockenen und warmen Platz angebracht werden.

Einblick in die Praxis

Hotel für „Stamm"-Gäste

Über dieses Hotel freuen sich krabbelnde „Stamm"-Gäste. Schaffen Sie zahlreiche kleine Rückzugsorte, indem Sie in einen trockenen Baumstamm (ca. 20 cm Durchmesser) mit einem Holzbohrer viele verschieden große Löcher bohren. Auch das DRK-Familienzentrum „Zum Regenbogenland" nutze die Technik. Gemeinsam mit Senioren und Kindern baute es unter Anleitung des „Imkereimuseums Gescher" gemütliche Holzhotels. Dazu wurden mit Bohrmaschinen verschieden große Löcher in einen massiven Holzklotz gebohrt. Ein kleines schwarzes Dach sorgt dafür, dass die Zimmer trocken bleiben.

Hängendes Zuhause für Ohrenkneifer

Nicht immer müssen Insektenhotels groß sein oder aufwendig gestaltet werden. Gerade bei einfachen Ideen können Kinder begeistert mitmachen! Das zeigt auch das katholische Familienzentrum „St. Marien" in Lünen, das zusammen mit (Schul-) Kindern ein hängendes Zuhause für Ohrenkneifer gebaut hat.

So geht's: Knoten Sie ein Stück Schnur um einen dicken Zweig und ziehen Sie die Schnur durch das Loch eines Tontopfs, sodass der Zweig nicht in den Topf rutscht. Füllen Sie den Topf nun mit Stroh oder Holzwolle. Durch weitere überkreuzte Zweige im Tontopf fällt der Inhalt nicht heraus, wenn sie den Topf nun umgedreht in einen Baum hängen.

2.1.4 Natürlich buntes Ostern

Eier nachhaltig färben – mit allem, was die Küche und Garten hergeben? Kein Problem. Alles, was es dazu braucht, ist etwas Geduld und das Wissen, welche Pflanzen schöne Naturfarben ergeben: Rotkohl, Rote Bete, Kurkuma, Zwiebelschalen, Kaffeesatz … Aber nicht nur die Ostereier, auch das Osternest und das Osterfest lassen sich nachhaltig gestalten.

Hintergrund

Nach dem WWF werden vier Fünftel der weltweit landwirtschaftlich genutzten Flächen allein für die Tierhaltung genutzt (s. Materialtipp). Das liegt weniger an den großzügigen Weideflächen als an der Anzahl der Tiere und der Menge an Futtermitteln, die für sie produziert werden muss. Kein Wunder: In Deutschland essen wir (pro Kopf) ungefähr doppelt so viel Fleisch wie vor 100 Jahren und viermal so viel wie 1850.

Monokulturen und erhöhte Emissionen von Treibhausgasen sind zwei direkte Folgen aus der Massentierhaltung. Ein respektvoller Umgang mit Tieren und ihren Erzeugnissen ist deshalb nicht nur ethisch geboten. Auch tun wir etwas für die Umwelt, wenn wir Fleisch bewusst konsumieren und auch mal die vegetarische oder gar vegane Alternative wählen – vielleicht sogar zur Osterzeit?

Materialtipp

WWF-Studie von 2014 zu unseren Essgewohnheiten und den Folgen für die Erde:
www.wwf.de/fileadmin/fm-wwf/Publikationen-PDF/WWF-Studie_Fleisch_Zusammenfassung.pdf

Grundrezept zum Papierschöpfen:
www.geo.de/geolino/basteln/4346-rtkl-bastelanleitung-papier-selber-machen

Weitere Ideen für ein nachhaltiges Osternest: www.smarticular.net/diy-upcycling-osternest-basteln-anleitung

Impulse für Eltern-Kind-Aktionen

Das Osterfest bietet viel Potenzial, um es nachhaltig zu gestalten. Gerade bei gemeinsamen Feiern oder Bastelaktionen sollten die Eltern mit ins Boot geholt werden. Folgende Impulse regen zum gemeinschaftlichen Nachdenken an:

- Schoko-Osterhasen aus Fairem Handel
- Essbares, selbst gebackenes Osternest aus Germteig mit Ostergras aus Kresse
- Heu oder Gras als Ostergras verwenden
- Fisch am Karfreitag aus nachhaltigem Fischfang oder ganz darauf verzichten
- Vegetarische oder vegane Alternative für das Osterlamm
- Kein eigenes Osterfeuer, sondern die Teilnahme an einem öffentlichen
- Ostermarsch für Frieden und Solidarität
- Ostergeschenke nachhaltig wählen, wie z. B. Jonglierbälle aus Fairem Handel, Spieluhr aus kontrolliert biologischem Anbau und made in Germany, Kuscheltier mit Dinkelsäckchen zum Erwärmen, Blumenpresse, Sonnenuhr etc.

Projektideen, die begeistern

Rezepte zum Eierfärben

Legen Sie die mit Essig abgeriebenen Bio-Eier mit Wasser und den Färbepflanzen (s. S. 30) in einen Topf. Bringen Sie den Sud zum Kochen und lassen Sie die Eier etwa 10 Min. weiterköcheln. Danach legen Sie die Eier in ein hitzebeständiges Gefäß und bedecken sie mit dem Farbsud aus dem Topf sowie 1 EL Essig. Lassen Sie das Ganze 4 Std. ziehen oder über Nacht stehen. Nach dem Färben trocknen die Eier an der Luft und erhalten einen schönen Glanz, wenn sie mit etwas Öl eingerieben werden.
Tipp: Verwenden Sie beim Färben auch kleine Blüten oder Blätter von Pflanzen. Diese können Sie mithilfe eines Tuches am Ei fixieren und so einen tollen Effekt zaubern. Wenn die Eier vernascht werden, können Sie die Schalen für weitere Projekte verwenden.

Pinke Eier

- 2 Knollen Rote Bete
- 1 l Wasser
- 1 EL Essig in den Farbsud nach dem Kochen

Blaue Eier

- ½ Kopf Rotkohl
- 1 l Wasser
- 1 EL Essig in den Farbsud nach dem Kochen

Gelbe Eier

- 40 g Kurkumapulver
- 1 l Wasser
- 1 EL Essig in den Farbsud nach dem Kochen

Orangene Eier

- Schalen von 12 Zwiebeln
- 1 l Wasser
- 1 EL Essig in den Farbsud nach dem Kochen

XXL-Osternest

Ein großes, nachhaltiges Nest für die Kita entsteht schon mit kleinen Handgriffen. Verwenden Sie einfach kleine Obstkisten aus dem lokalen Einzelhandel. Die Kisten werden als Einwegware genutzt und landen meist im Anschluss auf dem Müll. Das Nest kann mit Gras oder Heu ausgelegt werden, sodass jedes selbst gefärbte Ei sicher liegt.

Selbst geschöpftes Osternest

Falls jedes Kind ein Nest erhalten soll, eignet sich Altpapier. Aus diesem können Sie mit den Kindern neues Papier schöpfen (s. Materialtipp S. 28). Indem es im Sieb oder über einer Schale trocknet, entsteht eine schöne Form. Diese können die Kinder anschließend anmalen.

Osternest aus Milch- und Saftkartons

Eine nachhaltiges Osternest kann auch aus alten Milch- oder Saftkartons entstehen. Messen Sie vom Boden des Kartons etwa 10 cm ab. Alles darüber kann abgetrennt werden. Wer sein Karton-Nest etwas bunter mag, kann es noch bekleben oder bemalen. Anschließend wird es mit Naturmaterial befüllt. Das Osternest kann natürlich auch noch einen Tierkopf erhalten.

Einblick in die Praxis

Papier-Hasen

Osterzeit heißt auch Bastelzeit! Der Kindergarten in Bollingen hat Papiertüten gesammelt, um sie anschließend liebevoll mit den Kindern zu kleinen Hasen zu gestalten.

2.1.5 (Bio-)Müll: Wurmkiste und Kompost

Kompost ist ein natürlicher Dünger und verbessert darum die Qualität von Böden. Durch Kompost werden die Pflanzen mit Nährstoffen versorgt, der Boden wird gelockert, Wasser gespeichert und damit auch die Artenvielfalt gefördert. Hinzu kommt, dass durch eine Kompostierung weniger Biomüll transportiert werden muss und so auch weniger Schadstoffemission entstehen.

Hintergrund

Eine praktische Möglichkeit für einen Kompost in der Kita ist die Wurmkiste. Damit die Würmer die Abfälle erfolgreich zu Humus umwandeln können, gilt es dabei allerdings, auf den richtigen Standort zu achten.

Da sich die Würmer zwischen 15 und 25 °C am wohlsten fühlen, sollte die Kiste im Sommer im Schatten oder bei sehr hohen Temperaturen in einem kühlen Raum (Keller, Garage, Wohnung) stehen. Dort können Sie diese am besten auch im Winter lagern, denn die Würmer vertragen keinen Frost.

Das darf in die Wurmkiste	**Das sollte nicht in die Wurmkiste**
Obst- und Gemüsereste	Gekochte oder gewürzte Speisereste
Kaffeesatz und loser Tee	Milchprodukte
Eierschalen	Zitrusfrüchte
„Weiche" Pflanzenreste	Fisch, Fleisch, Eier (Schalen sind okay)
Unbedruckte Pappe, Zeitungspapier in Maßen	Brot Zwiebeln (sie wirken antibakteriell; Schalen sind okay)
	Hartholz, z. B. Äste
	Katzenstreu

Als Merksatz gilt: Die Würmchen sind „Rohkost-Veganer".

Materialtipp

Nähere Informationen zur Wurmkiste: https://wurmkiste.at/richtig-kompostieren

Tipps zur Kompostierung: www.umweltbundesamt.de/umwelttipps-fuer-den-alltag/garten-freizeit/kompost-eigenkompostierung und https://kindergartenpaten.jimdo.com/hochbeetbau-für-kinder/kompost

Bauanleitung einer Wurmkiste: www.kompostherstellung.de/bauanleitung-fuer-eigene-wurmfarm-wurmkiste-v2

Experimente und Ideen zum Müll gibt es über die lokalen Entsorgungsbetriebe oder auf www.haus-der-kleinen-forscher.de

Kleines Memory zum Thema Müll: https://trenntstadt-berlin.de/abfallmemo

Impulse für Eltern-Kind-Aktionen

Um eine Wurmkiste zu bauen und einzurichten, braucht es große und kleine Hände: perfekt für eine Eltern-Kind-Aktion! Handwerklich begabte Erwachsene leiten die Gruppe mithilfe einer Anleitung aus dem Internet an (s. z. B. Materialtipp), sodass die Wurmkiste aus Holz bald Form annimmt.

• Wurmkiste einrichten

Reißen Sie mehrere Lagen Zeitungspapier, unbedruckte Pappe o. Ä. in Streifen, befeuchten Sie das Material etwas und bedecken Sie damit den Boden der unteren Kiste zur Hälfte. Nun können die Würmer zusammen mit dem Substrat in die vorbereitete Hälfte einziehen. Am besten geben Sie auch noch etwas Kompost oder gehaltvolle Gartenerde mit dazu. Ab sofort können Sie die Würmer mit Abfällen füttern. Fängt die Kiste an zu stinken und faulen die Abfälle, dann füttern Sie etwas weniger. Wenn die unterste Etage voll ist, können Sie die nächste daraufsetzen und von Neuem beginnen. Die Würmer werden von allein umziehen und durch die Löcher kriechen, wenn es nur noch dort ihr leckeres Futter gibt.

• Kompost-Ernte

Wenn die oberste Etage fast voll ist mit Essensresten und Würmern, können Sie den Kompost aus der untersten Etage entnehmen. Die Würmer sollten nun nach oben gewandert sein und sich kaum noch in der untersten Etage aufhalten. Möglicherweise müssen Sie aber noch etwas sortieren, damit die Würmchen nicht im Blumenkübel landen. Ob der Kompost sich bereits als Dünger eignet, können Sie testen, indem Sie etwas Kresse darauf aussäen: Geht es der Kresse gut, können Sie den Kompost als Dünger für alle anderen Pflanzen nutzen!

Projektideen, die begeistern

Komposthaufen anlegen

Für einen Kompost auf dem Außengeländer der Kita sollten Sie einen Platz wählen, der etwas Sonnenlicht bekommt und nicht direkt am Haus liegt. Als Rahmen eignen sich z. B. alte Einwegpaletten (keine Pfandpaletten), die von den Kindern gestaltet werden können. Daraus bilden Sie ein Rückenelement und schrauben die weiteren Paletten als Seitenteile mit Winkeln zusammen.

Legen Sie etwa 15 cm lange Stöcke und Zweige auf dem Boden aus, damit das Wasser gut abfließen kann. Häufen Sie darauf trockenes Laub und Zweige. Füllen Sie den Kompost weiter mit einer 10 cm hohen Schicht aus Blättern, Gras oder Unkraut und mit etwas Küchenabfällen. Um Gerüche zu vermeiden, sollten Sie Ihren Kompost einmal pro Woche wenden. Der Kompost sollte außerdem aus zwei Teilen braunen Abfällen und einem Teil grünen Abfällen bestehen. Er sollte feucht gehalten werden und nicht zu viel geschnittenes Gras enthalten. Die so gewonnene Komposterde kann im Garten verteilt werden.

Quelle: Renata Fossen Brown (2015): Garten-Lab für Kinder: 52 grüne Abenteuer für kleine Gärtner. Igling: EMF.

Einblick in die Praxis

Müllprofis

Das evangelische Familienzentrum Eliaskinder „Zum Förderturm" hat sich mit dem Thema Müll und Mülltrennung beschäftigt. Dabei haben die Kinder in einem ersten Schritt geschaut, welche Tonnen es gibt. Dann haben sie erforscht, welcher Müll in der Kita anfällt und in welche Tonnen er gehört. Hierzu haben die Kinder Bilder gemalt, die sie anschließend auf die jeweiligen Mülltonnen in der Kita angebracht haben. Wichtig beim Projekt war auch die Frage: Löst sich der Müll einfach auf? Wie wird er entsorgt und was passiert mit dem Müll an der Straße?

Trash Hero

Trash Hero ist eine internationale Bewegung aus Freiwilligen. Sie sammeln Müll an verschiedenen Orten der Welt und klären über Müllvermeidung auf. Mittlerweile verfügt die Organisation über einen eigenen Onlineshop für nachhaltige Produkte zur Müllvermeidung. Nähere Informationen zu dieser Bewegung gibt es bei https://trashhero.org/de

Der Dreck muss weg

Auch die Kita „Astrid Lindgren" aus Epe machte sich auf den Weg, um die Umwelt sauber zu halten. Angefangen vor der eigenen Kita-Tür sammelten die Kinder Müll in der näheren Umgebung ein.

Mit ihrem Projekt „Oh weh, oh Schreck – der Dreck muss weg" haben sie sogar den Jury Nachwuchspreis der PSD Bank gewonnen. Darin setzten sich die Kinder mit vielen Aspekten rund um das Thema Müll auseinander: Müllvermeidung, Verpackungsmüll, Müll sammeln, eine Ausstellung aus Müllmaterialien, Einführung eines Müll-Trennsystems sowie der Besuch eines Müllmanns.

2.2 Sommer

2.2.1 Mitmach-Modell Färbergarten

Färbergärten sind mehr als reine Pflanzenansammlungen. Sie bringen Menschen aller Generationen und Kulturen zusammen, Jung und Alt kommen ins Gespräch und schaffen in ihrer Umgebung neue Orte der Begegnung. Es wird altes Wissen geteilt, getauscht und neu entdeckt. Das Netzwerk „sevengardens" lebt diese soziale Dimension von Färbergärten. Wollen auch Sie mit einem Kita-Garten oder einem kleinen Beet Teil der Bewegung sein? Experimentieren Sie bei der Farbherstellung und werden Sie kreativ.

Hintergrund

Durch die Arbeit von „sevengardens" hat sich in den vergangenen 10 Jahren weltweit ein engmaschiges Netz von Färbergärten entwickelt. Initiator des Netzwerks ist der aus Essen stammende Künstler Peter Reichenbach mit seiner Vision der Färbergärten als sozialer Skulptur: Die Gewinnung von Naturfarben aus Färberpflanzen ist Ausgangspunkt für ein niedrigschwelliges Partizipationsmodell. Auf der Grundlage der wiederbelebten Techniken wird darüber hinaus nachhaltige Erziehung und Bildung, Naturschutz, Entwicklungshilfe und internationale Gemeinschaft gefördert. Die Herstellung und anschließende Nutzung von natürlichen Farben eignet sich ideal dazu, auf einfache Art und Weise den nachhaltigen Umgang mit natürlichen Ressourcen zu vermitteln.

Impulse für Eltern-Kind-Aktionen

Gestalten Sie eine Farbaktion als Eltern-Kind-Angebot. Lassen Sie die Kinder in die Rolle der Expertinnen und Experten schlüpfen, die den Eltern Schritt für Schritt zeigen, wie alles funktioniert.

Materialtipp

Peter Reichenbach & Irmela Erckenbrecht (2017):
Farbstark mit sevengardens.
Das Färbergarten-Netzwerk für eine bessere Welt.
Darmstadt: pala-verlag

Internationales Färbergarten-Netzwerk:
www.sevengardens.eu

Pionierarbeit in einer Kita: www.villa-kunterbunt-dinslaken.de/faerbergarten.html

Die Welt verstehen und verändern mit FaireKITA und sevengardens

Liebe Eltern,

bei uns wird altes Wissen geteilt, getauscht und neu entdeckt. Experimentieren Sie gemeinsam mit uns bei der Herstellung von Pflanzenfarbe. Ihre Kinder sind Junior-Expertinnen & -Experten und zeigen Ihnen gerne die ersten Schritte.

Das internationale Färbergartennetzwerk sevengardens hilft bei der Anlage von Gärten und deren Vernetzung. Diese Gärten sind Ausgangspunkt für ein alters- und bildungsunabhängiges Mitmach-Modell, bei dem spielerisch und experimentierend natürliche Farben hergestellt werden können.

Projektideen, die begeistern

Rezept für Farbtinte

Für einen guten Einstieg in die Welt der Farbtinte eignen sich die äußeren Blätter eines Rotkohls genauso wie Blüten aus dem Garten oder vom Straßenrand. Farbergebnisse erhalten Sie z. B. durch Geranien, Rote Bete, Klatschmohn, Zwiebelschale, Tagetes, Dahlien, Malven, Stockrose oder die Schalen von Walnüssen.
Mörsern Sie hierzu zerkleinerte Pflanzenteile (frisch oder getrocknet) mit wenig Wasser zu einem Brei. Diesen Brei pressen Sie durch ein kleines Baumwolltuch (Baumwollnessel) und fangen die Farbtinte auf. Dies bezeichnet man als Kaltauszug. Durch die Zugabe von Zitrone, Alaun, Essig oder Natron verändert sich die Farbe, da der pH-Wert verändert wird. Zum Bemalen nutzen Sie pH-neutrales Papier. Bewahren Sie die Farbtinte im Kühlschrank auf, wenn diese nicht direkt verbraucht wird; hier hält sich die Farbe einige Tage.
Alternativ können Sie auch die zerkleinerten Pflanzenteile auskochen. Dazu verwenden Sie etwa zwei Tassen mit Pflanzenteilen und eine Tasse Wasser. Kochen Sie den Sud für ca. 10 Min. auf kleiner Temperatur. Fangen Sie mit einem Sieb die Pflanzenteile auf und verwenden Sie den abgekühlten Farbsud.

Quellen:
Peter Reichenbach & Irmela Erckenbrecht (2017): Farbstark mit sevengardens. Das Färbergarten-Netzwerk für eine bessere Welt. Darmstadt: pala-verlag.
Helena Arendt (2010): Entdecke die Farben der Natur. Das Werkstattbuch für Kinder. Berlin: Haupt.

Einblick in die Praxis

Die Großen lernen von den Kleinen

Bei der „Villa Kunterbunt" in Dinslaken ist der Name Programm: Sie war die erste Kindertagesstätte, die einen „sevengardens"-Färbergarten anlegte (s. Materialtipp S. 36). Heute empfängt sie Besucher und Besucherinnen aus aller Welt, wie z. B. einen Künstler aus Südafrika, der bereits viel Erfahrung mit Färberpflanzen sammeln konnte. Dabei lebt die Kita das Konzept „Die Großen lernen von den Kleinen". So lädt sie etwa regelmäßig Berufsschüler und -schülerinnen ein, denen die Kinder dann erklären, wie man aus Natur Farbe gewinnen kann.
Auch mit dem Thema Wolle beschäftigen sich die Kinder und färben sie selbst ein. Lokale Lernorte wie das Museum Voswinckelhof in Dinslaken oder die Textilfabrik Cromford in Ratingen unterstützen sie dabei.

Die bunte Weltreise eines T-Shirts

Beim Experimentieren mit Färberpflanzen kommen bei der katholischen Kita „St. Barbara" in Oberhausen besonders Mullbinden und Mulltücher zum Einsatz. Außerdem hat sie die Farbaktionen in die Weltreise eines T-Shirts (s. S. 93) integriert und verfolgt den Weg der Wolle vom lokalen Schäfer zum fertigen Produkt. Dadurch erleben die Kinder, wie aus der Wolle ein Faden wird und aus dem Faden ein Stück Stoff.

2.2.2 Nachhaltige Geschenke für den Schulanfang

Jedes Jahr im Sommer steht für viele Kinder ein neuer Lebensabschnitt an. Damit sie unbeschwert ins Abenteuer Schule starten und für ihren neuen Alltag gerüstet sind, möchten viele Kitas ihren Schützlingen noch etwas mitgeben. Das geht auch nachhaltig!

Hintergrund

Ein Geschenk ist die freiwillige Übertragung von Eigentum. Aber es ist noch viel mehr. Ein Geschenk kann Ritual oder eine nette Geste sein, Dankbarkeit ausdrücken, soll Glück bringen oder Trost spenden. Ein Geschenk sagt: „Du bist mir etwas wert!" Damit diese Bedeutung beim beschenkten Kind ankommt und Geschenke nachhaltig in Erinnerung bleiben, müssen sie nicht viel kosten, sondern sollten persönlich sein. Das gelingt nicht nur, aber besonders durch Selbstgebasteltes.

Materialtipp

Bezugsquellen für nachhaltige Schulartikel (neben lokalen Geschäften): www.memolife.de, www.bundladen.de, www.avocadostore.de, www.ecobrotbox.de

Lose Bambus-Taschentücher, z. B.: https://smoothpanda.de

Nähanleitungen für Taschentüchertasche: www.youtube.com (z. B. Kanal congabaeren „TatüTa")

Impulse für Eltern-Kind-Aktionen

Jedes Kind startet an einer Grundschule mit einer Schultüte. Indem Sie den Eltern die Möglichkeit geben, diese Schultüte für ihre Kinder selbst zu basteln, erhalten sie ein individuelles Geschenk: Das ist nicht nur nachhaltig hergestellt, sondern kann auch noch nachhaltig befüllt werden.

Legen Sie für die Eltern eine Liste mit nützlichen Dingen für den Schulstart an und benennen Sie nachhaltige Bezugsquellen (s. Materialtipp).

Hier einige Beispiele:

- Faire Schokolade
- Selbst gemachte Müsliriegel
- Selbst gemachte Energiebällchen
- Selbst gemachte Wachstücher
- Trinkflaschen aus Edelstahl
- Brotdosen aus Edelstahl
- Schulhefte aus Recyclingpapier
- Bleistifte und Buntstifte aus unlackiertem Holz
- Stifte mit einer biologisch abbaubaren Samenkapsel
- Farbkasten aus Naturfarben
- Anspitzer aus Holz oder Metall
- Trocken-Leuchtmarker aus FSC-Buchenholz mit austauschbarer Mine
- Wachsmalstifte aus Bienenwachs in Papierhülle
- Radiergummi aus Naturkautschuk
- Nachfüllbare Filzstifte auf Wasserbasis
- Heftumschläge aus Papier
- Taschenrechner mit Solarzellen (von Blauer Engel)
- Federmäppchen aus Leinen, Bio-Baumwolle oder Filz
- Lineal aus Holz
- Klebstoff ohne Lösungsmittel

Projektideen, die begeistern

Erste-Hilfe-Tüte

In der Ersten-Hilfe-Tüte finden sich allerlei Glücklichmacher für kleine und große Notfälle. Füllen Sie eine Papiertüte mit diesen Kleinigkeiten:

- 1 selbst gemachtes Teelicht aus Sojawachs für den Geistesblitz
- 1 Stück roter Faden für den roten Faden im Leben
- 1 Bambuspflaster als Trostpflaster
- 1 selbst gemachter Energieball als Energiereserve
- 1 fairer Schokoriegel als Nervennahrung
- 1 kleiner bemalter Stein als Glücksbringer
- 1 selbst gemachtes kleines Heft aus altem, einseitig bedrucktem Papier für wertvolle Gedanken

Wachstuch

Baumwollstoffreste in beliebiger Größe zurechtschneiden. Die Ränder kann man schön mit einer Musterschere gestalten. Nachdem das Soja- oder Bienenwachs in einem Wasserbad aufgelöst wurde, kann es mit einem Pinsel einseitig auf das Tuch aufgetragen werden. Das Tuch zwischen Backpapier legen und einige Minuten überbügeln, damit die Wachsschicht gut in das Tuch einziehen kann. Nun muss das Wachstuch nur noch trocknen und schon ist das nachhaltige Frischhaltepapier fertig.

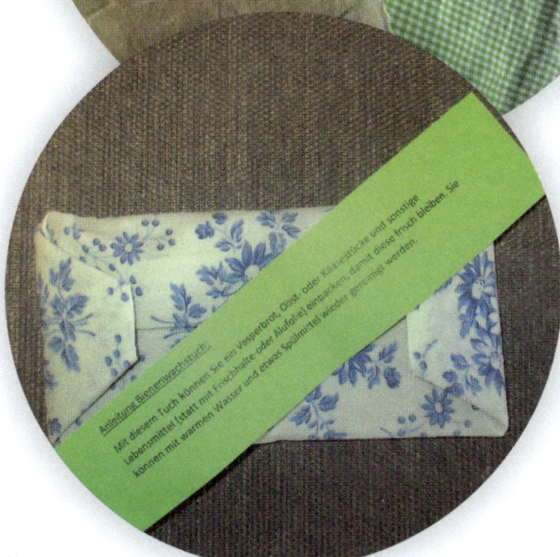

Straßenmalkreide mit Pflanzenfarbe

Erstellen Sie mit den Kindern einen Naturfarbsud (s. Rezept S. 38). Halbieren Sie die Pappen von Toilettenpapierrollen und kleben diese einseitig mit Kreppband zu, sodass Sie jeweils 2 kleine Förmchen erhalten. Mischen Sie nun Kreidepulver und Gips und vermengen es mit dem Farbsud. Für etwa 5 Förmchen benötigen Sie 3 EL Modelliergips und 3 EL Naturkreidepulver. Zum Schluss aushärten lassen.

Pusteblumen aus Händen

Als kleine Erinnerung an die Kinder kann eine Pusteblume für die Kita gebastelt werden. Grüne Pappe ergibt den Halm der Pflanze, die Kinderhände sind die Blumensamen, die später an dem Halm angebracht werden. Jedes Kind gestaltet seine Hand aus Pappe selbst und schreibt seinen Namen in die Mitte der Hand. Bilden Sie nun aus den Papphänden Kreise in unterschiedlichen Größen und legen die Kreise später aufeinander (von groß nach klein). So entsteht der Blütenkopf, den Sie schließlich an dem Halm anbringen können.

Bücherwurm

Jedes Schulkind braucht ein Lesezeichen. Und was wäre dafür geeigneter als ein lustiger Bücherwurm, der aus dem Buch schaut?! Sammeln Sie dazu Holzkugeln in verschiedenen Größen. Sind sie naturfarben, können die Kinder sie mit Pflanzenfarbe einfärben. Dann fädeln Sie eine größere und ungefähr vier kleinere Holzkugeln auf einen Faden. Das untere Ende sollte gut verknotet werden, damit die Kugeln nicht abrutschen. Den oberen Knoten können Sie etwas über der großen Kugel anbringen, damit der Wurm noch etwas Bewegungsspielraum hat. Die Länge des Fadens messen Sie am besten an einem DIN-A4-Buch ab.
Am Schluss wird auf die größere Kugel ein Wurmgesicht gemalt. Auch können Sie Federn als Haarschmuck anbringen.

Einblick in die Praxis

Taschentüchertasche (Tatüta)

Bei diesem Geschenk fließen bestimmt keine Tränen! Die städtische Kita „Rudolph-Nagell-Straße" aus Lünen hat zum Abschied der Kinder die Nähmaschine rattern lassen. Und so geht's: Für eine Taschentüchertasche brauchen Sie zwei Stoffstücke, eines für außen (15 x 17 cm) und eines für innen (15 x 21 cm). Die Stoffe werden an den kurzen Seiten (rechts auf rechts) zusammengenäht, danach gewendet und gebügelt. Nachdem Sie die Mitte des Stoffes gekennzeichnet haben, können Sie die Seiten bis zur Mitte legen und rechts auf rechts (also Innenstoff und Außenstoff) zusammennähen. Einen winzigen „Stand" an allen vier Ecken abnähen, das Ganze anschließend umstülpen und fertig ist die Taschentüchertasche! Im Netz finden Sie zahlreiche kostenfreie Anleitungen zum Nähen (s. Materialtipp S. 40).

2.2.3 Faires Sommerfest zum Thema Wasser & Plastik

Immer wenn wir etwas konsumieren, werden Ressourcen wie Wasser und Erdöl verbraucht: von der Herstellung der Produkte über die Transportwege bis hin zur Entsorgung. Neben der Verschwendung und Verschmutzung von Wasser ist besonders Plastik ein Problem. Die Kunststoffproduktion setzt nicht nur CO_2 frei, (Mikro-)Plastik vermüllt auch unsere Ökosysteme. Das ist Anlass genug, um schon in der Kita einen sorgsamen Umgang mit Wasser und Alternativen zu Plastik zu feiern.

Hintergrund

- **Wasser**

Wasser ist Leben. Deshalb gehört der Zugang zu Wasser und sicheren sanitären Einrichtungen zu den Menschenrechten. Trotzdem bleibt Milliarden von Menschen dieses Recht verwehrt: Laut dem UN-Weltwasserbericht 2019 haben 2,1 Milliarden Menschen keinen Zugang zu sauberem Trinkwasser. Während in Deutschland fast 100 % aller Haushalte an die öffentliche Wasserversorgung angeschlossen sind, müssen 844 Millionen Menschen mindestens eine halbe Stunde täglich für die Wasserbeschaffung aufwenden oder sie haben gar keinen Zugang.

Doch wie viel Wasser verbrauchen wir eigentlich? Während der tägliche Haushaltswasserbedarf in Deutschland pro Person zurückgegangen ist, liegt der tatsächliche Wasserverbrauch laut Angaben der gemeinnützigen Organisation „Water Footprint Network" bei mittlerweile 4.000 l pro Person und Tag. So viel „virtuelles Wasser" ist erforderlich, um all die Waren zu produzieren, die wir täglich konsumieren – vom PC über das T-Shirt bis zur Tasse Kaffee.

- **Plastik**

Plastik ist allgegenwärtig geworden: in der Industrie und Landwirtschaft, in Geräten, Kleidung, Spielzeug und Kosmetik. Plastikpartikel und auch giftige Chemikalien, die bei der Herstellung verwendet werden, gelangen in Luft, Wasser und Böden. So gelangen jedes Jahr 10 Millionen Tonnen Plastik in die Weltmeere, also etwa eine Lkw-Ladung pro Minute.
Ein Großteil des Plastikmülls aus Deutschland wird nach Asien exportiert und dort zur Umweltbelastung für die Menschen. Deutschland ist neben Japan und den USA der drittgrößte Plastikmüll-Exporteur der Welt.

Materialtipp Wasser

Film „Bottled Life – Das Geschäft mit dem Wasser": www.bottledlifefilm.com

UN-Weltwasserbericht 2019: www.unesco.de/presse/pressemitteilungen/un-weltwasserbericht-2019

Infos zum Thema „Virtuelles Wasser": www.virtuelles-wasser.de

Berechnen des Wasserfußabdrucks: www.wasserraub.de/wasserfussabdruck und www.wasserfussabdruck.org

Lernmaterial und Experimente: www.zauberweltwasser.de

Kinderbuch „Äthiopien: Der lange Weg zum Wasserloch" als kostenfreier Download: www.kindernothilfe.de (Suche „Wasserloch")

Materialtipp Plastik

Nicole Intemann (2016): **Plastian, der kleine Fisch ... und wie er mit seinen Freunden auf einer abenteuerlichen Reise die Welt ein bisschen besser macht.** München: oekom

Kinderbuch „Piwi und die Plastiksuppe": www.piwipedia.de/piwi-buch.html

Sendung mit der Maus: „Sachgeschichte Plastiktüten": www.wdrmaus.de/filme/sachgeschichten/plastiktueten.php5

Plastikatlas der Heinrich Böll Stiftung: www.boell.de/de/2019/05/14/plastikatlas

Recycling-Puzzle-Set zum Thema Müll im Wasser, an Land und in der Natur. Jedes Puzzle bietet zwei Sichtweisen (so sollte es sein/so ist es): www.dusyma.com (Suche „Recycling")

Impulse für Eltern-Kind-Aktionen

Wie lange duschen wir, wie oft läuft die Wasch- und Spülmaschine? Aber auch: Wie viel Rindfleisch essen wir? Welche Produkte kaufen wird, die nicht regional hergestellt werden und viele Ressourcen benötigen? Impulse für einen bewussteren Umgang mit Wasser in der Kita und zu Hause gibt das Berechnen des virtuellen Wasserfußbadrucks (s. Materialtipp). Legen Sie für die Eltern außerdem ein Ressourcensparbuch an. Kommt das Kind ohne „Müll" in die Kita, erhalten die Eltern einen Stempel im Sparbuch. Wenn das Sparbuch voll ist, erhält die Familie ein kleines, selbst gemachtes Geschenk von der Kita.

Projektideen, die begeistern

Medienrecherche im Team

Bevor die Themen Wasser und Plastik an die Eltern herangetragen werden und das Sommerfest organisiert wird, bietet sich eine Medienrecherche im Team an. Der Film „Bottled Life – Das Geschäft mit dem Wasser" (s. Materialtipp) deckt auf, wie Konzerne dem Menschen Wasser als teures Lifestyleprodukt verkaufen: indem sie sich weltweit den Zugriff auf wertvolle Quellen sichern. Zum Thema Plastik empfiehlt sich etwa ein Blick in den Plastikatlas der Heinrich Böll Stiftung (s. Materialtipp).

Wasser-Experiment: Filteranlage bauen

- 1 große Plastikflasche
- 1 Schere
- 1 Becher Kieselsteine
- 1 Becher Sand
- etwas Watte (ungefähr 2 Handvoll)
- 1 Becher „Schmutzwasser"
- 1 Glas

So geht's:

1. Schneiden Sie zuerst den Boden der Plastikflasche mit einer Schere ab. Jetzt stellen Sie die Flasche mit dem Deckel nach unten in das leere Glas.
2. Zuerst geben Sie die Watte in die Flasche. Schütten Sie dann langsam den Sand auf die Watte und geben Sie die Kieselsteine auf die Sandschicht.
3. Um den Filter zu testen, brauchen Sie „Schmutzwasser". Öffnen Sie den Deckel der Filterflasche und stellen Sie die Flasche wieder mit dem Hals in das Glas, damit darin das saubere Wasser aufgefangen werden kann. Jetzt gießen Sie langsam das „Schmutzwasser" in die Flasche.
4. Das Wasser sickert durch alle Schichten und tröpfelt nach kurzer Zeit sauber gefiltert in das Glas.

Plastikfreie Basteleien

Beim Sommerfest bieten sich verschiedene Bastelstationen an, die Alternativen zu Plastik aufzeigen. So können die Kinder mit ihren Familien Stofftaschen aus Fairem Handel bemalen, eigene Bienenwachs- oder Sojawachstücher (s. S. 41) erstellen oder sogar eine Tatüta aus Stoffresten nähen (s. S. 42).

Mini-Ideen zum Thema Plastikmüll

- Sammeln Sie in Ihrer Kita den Müll von einer Woche und platzieren Sie diesen auf dem Fest
- Veranstalten Sie ein Schwimmflossenwettlauf durch den Müll
- Feuerwaffeln, selbst gemachte Limo oder Kuchen mit fairen Zutaten runden ein (fast) müllfreies Essensangebot auf dem Fest ab

Einblick in die Praxis

Wasser-Mitmachstationen

Unter anderem gestalteten die DRK-Kita „Die kleinen Strolche" aus Gronau, die katholische Kita „St. Winfried" aus Essen, das integrative Montessori-Kinderhaus „Schmetterlinge e. V." aus Emsdetten und die städtische Kita „Rudolph-Nagell-Straße" aus Lünen Feste zum Thema. In Gronau wurde z. B. das Musical „Motte will MEER!" aufgeführt, in Lünen konnten Eltern und Kinder verschiedene Mitmachangebote nutzen.

Diese Wasserstationen machten besonders viel Spaß:

- Regenmesser

Trennen Sie den Kopf einer Plastikflasche ab. Markieren Sie mit einem Lineal und einem wasserfesten Stift die Flasche in Zentimeterschritten. Ein alter Alu-Kleiderbügel hilft dabei, die Flasche an einem Zaun im Freien zu befestigen. Sobald es regnet, misst der Regenmesser die Niederschlagsmenge (nach dem Messen das Leeren nicht vergessen).

- Aquarium aus Eierkartons

Bemalen Sie mit den Kindern die Eierkartons in einem schönen Blau. Wenn die Kinder gebastelte oder gemalte Fische einkleben und Sand oder Muscheln zum Verzieren genutzt werden, entsteht ein schönes Aquarium.

- Wasserparcours

Mit einem Wasserparcours kann an die Lebenswelt vieler Kinder in Afrika angeknüpft werden. Lassen Sie die Kinder hierzu gemeinsam mit den Eltern das Wasser über eine kurze Strecke mit Hindernissen tragen. Damit kein Wasser verschwendet wird, sollten verschlossene Behälter benutzt werden. Die Aufgabe besteht darin, 10 l durch den Parcours zu tragen.

Flüssigseife

Die städtische Kita „Nobileweg" hat sich zusammen mit den Eltern mit Plastikkonsum und seinen Folgen beschäftigt. Im Zuge dessen stellten sie mit den Familien Flüssigseife aus Kastanien her.

2.2.4 Kinderrechte für alle

Die UN-Kinderrechtskonvention bekennt sich zum grundsätzlichen Recht eines jeden Kindes auf die Achtung seiner Würde. Das Verständnis von Kindheit, die der Konvention zugrunde liegt, sieht Kinder nicht als Gegenstand von Entscheidungen und Handlungen erwachsener Menschen, sondern als eigenständige Persönlichkeiten – mit eigenen Interessen, Wünschen und Bedürfnissen, die respektiert und ernst genommen werden wollen.
Aus diesem Grund kommt der Kita die Aufgabe zu, Partizipation zu ermöglichen. Rechte zu haben, bedeutet dabei jedoch immer auch, um diese Rechte zu wissen und sie eigenständig in Anspruch nehmen zu können.

Hintergrund

Für FaireKITAs spielt die Orientierung an der UN-Kinderrechtskonvention gleich auf mehreren Ebenen eine wichtige Rolle: Neben dem Engagement für den fairen Umgang mit Ressourcen und den fairen Umgang im Zusammenleben weltweit kommt auch dem fairen Miteinander vor Ort in der Einrichtung große Bedeutung zu.

• Partizipation

Welche Werte im Zusammenleben sind uns wichtig? Wie möchten wir konkret miteinander umgehen? Das wichtigste Bildungsziel der BNE besteht darin, die Lernenden zu befähigen, sich aktiv und selbstbestimmt an der nachhaltigen Gestaltung von Gegenwart und Zukunft zu beteiligen. In diesem Sinne ist die Fähigkeit zum Mitgestalten auch ein zentrales Prinzip für FaireKITAs.

• Fairer Handel und Kinderrechte

Der Faire Handel und das Konzept der FairenKITA entspricht verschiedenen Kinderrechten der UN-Kinderrechtskonvention:

- Artikel 2 besagt, dass kein Kind diskriminiert werden darf. Gleiches Recht für alle, egal aus welchem Land jemand kommt, welchem Glauben jemand angehört, welches Geschlecht, ob Arm oder Reich. „Vom Ich zum Du zum Wir" – durch zunehmende Globalisierungsprozesse ergeben sich neue Kontakte zwischen Menschen mit unterschiedlichen Weltbildern, kulturellen Backgrounds und Lebensformen. Globales Lernen thematisiert das Leben weltweit, fokussiert die Gemeinsamkeiten und den

Zusammenhang mit unserer eigenen Lebenswelt. Es zielt darauf ab, den Horizont zu erweitern und Perspektivenwechsel und Empathie zu fördern.

- Artikel 24, das Recht auf sauberes Wasser, wird im Fairen Handel durch ökologische Standards bei nachhaltigem Anbau und Produktion von Konsumgütern berücksichtigt.
- Artikel 31, das Recht auf Spiel und Erholung, kann durch existenzsichernde Löhne für die Eltern die Notwendigkeit von Kinderarbeit verringern.
- Artikel 32 der Kinderrechtskonvention besagt, dass jedes Kind das Recht auf Schutz vor wirtschaftlicher Ausbeutung hat. Weltweit arbeiten rund 250 Millionen Kinder unter 14 Jahren, damit sie selbst oder ihre Familie überleben können. Fast die Hälfte von ihnen muss den ganzen Tag arbeiten und kann infolge dessen nicht in die Schule gehen oder mit anderen spielen. Das heißt, die Kinder müssen unter Bedingungen arbeiten, die sie ihrer elementaren Rechte und Chancen berauben. Fairer Handel legt den Schwerpunkt auf Prävention – Kinderarbeit soll verhindert werden, bevor sie entsteht.

Quelle: www.kinderrechtskonvention.info/uebereinkommen-ueber-die-rechte-des-kindes-370

Materialtipp für Kinder

Flimclips zum Thema Kinderrechte: www.zdf.de/kinder/logo/kinderrechte-100.html, www.unicef.de/mitmachen/youth/kinderrechte-storys

Kostenloser Kinderrechte-Leporello: www.kindermissionswerk.de

Kinderrechte-Pass: www.unicef.de/informieren/materialien/kinderrechte-pass/120840

Unicef (Hrsg.) (2002): **„Für alle Kinder". Die Rechte des Kindes in Wort und Bild.** Kevelaer: Lahn

Allain Serres (2013): **Ich bin ein Kind und ich habe Rechte.** Zürich: NordSüd

Manuela Olten (2014): **Wir haben Rechte! Die Kinderrechte kennenlernen und verstehen** – Bilderbuchgeschichten für unser Erzähltheater. München: Don Bosco

Materialtipp für Erwachsene

Film „Spielen statt Schuften – Kinder haben Rechte“: www.br.de/fernsehen/ard-alpha/sendungen/schulfernsehen/kinderrechte-kinder-kinderschutz-100.html

Jörg Maywald (2016): **Kinderrechte in der Kita. Kinder schützen, fördern, beteiligen**. Freiburg: Herder

Kindermissionswerk Die Sternsinger e. V. (Hrsg.) (2019): **Alle Kinder haben Rechte.** Kostenlos zu beziehen über: www.sternsinger.de/fileadmin/bildung/Dokumente/vorschule/2019/2019_02_Kita_Spezial_Kinderrechte_Broschuere_ES_A.pdf

Impulse für Eltern-Kind-Aktionen

Wenn Kinder in der Kita mitentscheiden dürfen, kann das Ängste und Sorgen bei den Eltern auslösen: „Dürfen die Kinder jetzt plötzlich machen, was sie wollen? Dann bricht ja in der Kita und bei uns zu Hause das Chaos aus!“ Darum ist es wichtig, sie über die rechtliche Situation zu informieren (s. Materialtipp) und in den Partizipationsprozess einzubeziehen.

Projektideen, die begeistern

Miteinander fragen

Was bedeutet eigentlich Gleichheit – wir sind doch alle ganz verschieden, oder? Und ist es fair, dass Ramis und Elenas Nachtisch gleich groß ist, obwohl Elena viel längere Arme und Beine hat und außerdem schon bald in die Schule kommt? Alltägliche Konfliktsituationen, Filmclips, Bilder, Geschichten, Fantasiereisen und andere Materialien (s. Materialtipp) können als Ausgangspunkt dienen, um sich gemeinsam mit Kinderrechten auseinanderzusetzen. In den daran anschließenden Gesprächskreisen und Philosophier-Runden gilt: Es gibt keine falschen Fragen und nur richtige Antworten.

Mitbestimmen erwünscht!

Kinder haben ein Recht auf Partizipation. Das bedeutet nicht, dass sie in der Kita ein bisschen mithelfen dürfen, wenn es gerade passt. Stattdessen haben sie das Recht, ihr Umfeld aktiv mitzugestalten und echte Entscheidungen zu treffen!

Welchen Einfluss auf die Regeln in der Kita, die Gestaltung von Ausflügen, Festen und Projekten, auf die Struktur des Alltags und den Raum nehmen die Kinder in Ihrer Kita? Die Gründung eines Kinderparlaments oder Kinderrats und die Durchführung einer Kinderkonferenz sind passende Instrumente, die garantieren, dass die Stimmen der Kinder gehört werden. Auch wenn der gemeinsame Prozess der Entscheidungsfindung anstrengend sein kann: Er lohnt sich!

Einblick in die Praxis

Kinderrechte überall

„Kinderrechte hier und anderswo" nannte sich das Projekt der katholischen Kita „St. Suitbert", die eine Wanderausstellung mit dem Titel „Ausbeuterische Kinderarbeit" im Essener Rathaus besucht hatte. Zum Ende des Kindergartenjahres beschäftigte die Jungen und Mädchen besonders das Recht auf Bildung. Die älteren Kinder, die selbst kurz vor dem Schulbeginn standen, waren sich dabei einig, dass jedes Kind auf der Welt die Möglichkeit bekommen sollte, zur Schule zu gehen. In Anknüpfung daran wurden der Faire Handel und die Bedingungen, unter denen die Produkte mit diesem Label hergestellt werden, erläutert.
Am 20. November, dem offiziellen Tag der Kinderrechte, trafen sich alle 37 Kinder des letzten Kita-Jahres in der Einrichtung, um weiter am Thema zu arbeiten. Mit den Flyern der Organisation „Die Sternsinger" übertrug die Kita das Thema in den Alltag der Kinder: Alle Menschen dieser Welt sollen in Sicherheit leben und unter anständigen Bedingungen arbeiten können.

Kinderrechte-Pass

Die Kitas „MyDagis" aus Köln näherten sich dem Thema Kinderrechte mit dem Kinderrechte-Pass von UNICEF (s. Materialtipp S. 50). Mit dem vierseitigen Kinderpass kann jedes Kind sein Wissen über die Kinderrechte dokumentieren. Auf der Rückseite sind die zehn wichtigsten Rechte kurz aufgelistet.

2.2.5 Waldtage

Waldpädagogik vermittelt Respekt gegenüber der Natur und Umwelt. Und sie regt zu einem verantwortungsvollen Umgang mit den uns überlassenen natürlichen Ressourcen an.

Hintergrund

Der Begriff der Nachhaltigkeit stammt ursprünglich aus der Forstwirtschaft. Ihm liegt die Erkenntnis zugrunde, dass es langfristig sinnvoll ist, nicht mehr Holz zu ernten, als innerhalb eines gewissen Zeitraums nachwachsen kann. Dadurch haben künftige Generationen genauso gute Voraussetzungen für die Gestaltung ihres Lebens wie die aktuelle Generation. Auch wenn sich der Begriff mittlerweile erweitert hat und heute ökonomische, ökologische und soziale Aspekte in ganz verschiedenen Bereichen einschließt, eignet sich das Thema Wald ganz besonders für Angebote der Bildung für nachhaltigen Entwicklung. Die Forstwirtschaft sowie die damit verbundenen vielfältigen Ökosystemleistungen, gesellschaftlichen Interessen, Wünsche und Ansprüche bilden die Grundlage für ein breites Themenspektrum.

Impulse für Eltern-Kind-Aktionen

Im Wald fühlen sich Abenteurer und Abenteurerinnen wie zu Hause. Je aufregender die gemeinsamen Erlebnisse sind, desto mehr schweißen sie Eltern und Kinder zusammen. Wie wäre es mit einer Wald-Rallye, einem Barfußpfad aus Tannenzapfen, Moos und Co. oder einem Waldcamp mit selbst gebauten Waldsofas, Tipis und Hütten?

Materialtipp

Kostenfreies Material zum Thema Regenwald:
www.regenwald-schuetzen.org
Regina Bestle-Körfer(2019): **Projekte in der Kita. Wald.** Freiburg: Herder

Teamgeist im Wald

Machen Sie sich gemeinsam mit dem Team auf den Weg und nutzen Sie die Möglichkeit einer Teamfortbildung oder eines Konzeptionstags im Wald. Lokale Unterstützung bieten meist das Forstamt oder auch Waldschulen.

Nutzen Sie Ihren Besuch im anregenden Ökosystem für eine intensive Auseinandersetzung mit einem oder mehreren globalen Nachhaltigkeitszielen – oder stellen Sie ihn unter das Motto BNE. Methoden wie Rollenspiele, Diskussionen oder auch der Blick durch die Nachhaltigkeitsbrille (s. u.) lassen Sie neue Perspektiven erfahren. Spielerische Sinnesreisen führen zu weiteren spannenden Einsichten. Bei einem Ausflug in den Wald kann aber auch ganz allgemein die Teambildung in den Fokus gerückt werden.

Nachhaltigkeitsbrille

Halten Sie einen Moment inne, bevor Sie mit dem Teamprogramm im Wald starten. Schließen Sie die Augen und nehmen Sie die Gerüche und Geräusche im Wald wahr. Tauschen Sie sich über die Wahrnehmungen aus.
Im nächsten Schritt überlegen Sie, wie die Dimensionen der Nachhaltigkeit in Verbindung zum Wald stehen (Ökonomie, Ökologie, Soziales, Kulturelles). Nehmen Sie sich hierzu zunächst etwas Zeit, bevor Sie dies in der Gruppe zusammentragen. Mögliche Leitfragen: Woraus besteht ein Wald? Wer profitiert dabei von wem? Wer oder was hält alles zusammen? Warum ist der Wald für unsere Gesundheit wichtig? Wenn Sie die wichtigsten Punkte für sich als Team zusammengefasst haben, überlegen Sie im nächsten Schritt, wie Sie mit den Kindern oder Eltern dazu arbeiten möchten.

Sinnenreiche Waldneugier

Neugier genügt – der Wald bietet alles, was Kinder für ihre Entwicklung brauchen. Entdeckungsreisen, Tiere beobachten, den Boden erkunden, eine kleine Naturwerkstatt und so vieles mehr: Im Wald können Kinder sowohl etwas über Flora und Fauna lernen als auch das Ökosystem mit allen Sinnen erleben. Weiches Moos, raschelnde Blätter, duftende Tannenzapfen, süße Walderdbeeren und klitzekleine Käfer sind nur ein paar der überwältigenden Eindrücke, durch die Kinder den Wald in vollen Zügen genießen.

Einblick in die Praxis

Vater-Kind-Aktion

Die evangelische Kita „Burg Fitzelstein" in Geislingen erkundet einmal pro Woche ihren Wald vor der Haustür. Zweimal im Jahr verbringen die Kinder auch eine ganze Woche dort. Die Kita hat im Rahmen einer Väter-Kind-Aktion neben gemeinsamen Spielen ein Waldsofa gebaut. Dieses wird für Morgenkreise, Besprechungen, Geburtstage oder auch für Erzählkreise genutzt.

Das Geheimnis der Bäume

Der Wald steckt voller Geheimnisse! Die DRK-Kita „Burg Funkelstein" in Ahaus-Ottenstein hat in ihrem Wald-Projekt versucht, ein paar davon zu lüften. Die Kinder überlegten gemeinsam, warum Bäume so wichtig sind, wie Sauerstoff produziert wird und was Fotosynthese eigentlich bedeutet.

Regenwald-Projekt

Das integrative Montessori-Kinderhaus „Schmetterling e. V." aus Emsdetten hat einen ganz besonderen Wald in den Blick genommen: den Regenwald. Beim Projekt ging es deshalb unter anderem um die Abholzung des Regenwalds, den Verlust von Lebensräumen und um die Frage, welche Produkte aus Tropenholz hergestellt werden. Auch Fairer Handel, Palmöl, Biosprit und Müll wurden in Verbindung mit dem Regenwald thematisiert. Nach ihrer Recherche wurden die Kinder aktiv und erstellten Plakate mit ihren Ideen zum Schutz des Waldes (z. B. Fairer Handel, Verzicht auf Plastik, Müllvermeidung, Recycling und Upcycling).

Erlebnisort Wald

Die evangelische Kita „Burg Fitzelstein" aus Geislingen/Weiler nutzt den Wald als Erlebnisort. Zahlreiche Spiele finden immer wieder im Wald statt, um Kinder für die Natur zu begeistern und für einen sanften Umgang mit der Natur zu sensibilisieren.
Mandalas aus Zweigen, Blättern und Steinen, Waldwebrahmen mit Fundstücken auf dem Waldboden, Tipi-Bau mit langen Ästen, Tattoos aus Walderde, Erkundungen mit der Lupe oder einem Spiegel und eine Wald-Rallye sind nur einige bereits durchgeführte Aktionen der Kita.

Achtsamkeit gegenüber der Natur

Auch die Kleinsten können schon im Wald Nachhaltigkeit erleben. Die ASB-Kinderkrippe „UnserEins" in Hersbruck, die als erste Krippe in Deutschland als FaireKITA ausgezeichnet wurde, näherte sich dem Thema Wald unter dem Aspekt Achtsamkeit. Die Entdeckung der Umgebung ging so mit der kindgerechten Vermittlung von Respekt gegenüber Natur, Mensch und Tier einher. Indem die Krippe diese Ausrichtung mit der Thematik „fairer Umgang miteinander" verbunden hat, gelang ihr der Bogen zum Fairen Handel.

Waldkindergarten: leben, lernen und spielen im Wald

Im Waldkindergarten der „Naturschutzstiftung Senne e. V." in Hövelhof lernen die Kinder durch lebendige, naturnahe Aufgaben Verantwortung für andere Lebewesen zu übernehmen. Die Kita nutzt einen Waldbereich von 3 Hektar mit vier Standorten. Es gibt ein Tipi für die U3-Gruppe, einen Sonnenplatz mit Bauwagen inklusive Kinderkaufladen, Wickelmöglichkeiten und Mal- und Bastelutensilien, einen Hofbereich mit Matschanlage, Hängematten, Slackline sowie wechselnden Seilaufbauten (Schaukeln, Hangelbrücken, Spinnennetze und Kletterwände). Des Weiteren gibt es einen kleinen Laden, der Leckereien aus der Kita-Küche mit Lebensmitteln aus dem eigenen Garten anbietet.

2.3 Herbst

2.3.1 Stromfreie Kita

Wäsche waschen mit der Hand, Wasser erhitzen auf der Feuerstelle oder kochen mit dem Solarkocher: Das sind nur einige Möglichkeiten, in der Kita einen stromfreien Tag zu gestalten. Ein Tag ohne Strom macht uns nicht nur deutlich, wie oft wir Strom nutzen, der Verzicht hilft uns auch, uns auf das Wesentliche zu fokussieren. Gerade im Kindergartenalter lassen sich die Basiskompetenzen rund um die Themen Energie und Umwelt legen, denn eine nachhaltige Wirtschafts- und Lebensweise verbraucht nur so viele Rohstoffe, wie die Natur liefern kann.

Hintergrund

Viele Dinge, die wir täglich ganz selbstverständlich benutzen, würden ohne Strom nicht funktionieren. Oft merken wir deshalb gar nicht, wann und wie oft wir im Alltag Strom verwenden. Gleichzeitig ist der Klimawandel eines der größten und drängendsten Probleme unserer Zeit. Wenn die Menschheit nicht schnell und radikal gegensteuert, wird unsere Erde – und damit unsere Lebensgrundlage – nachhaltig geschädigt.

Materialtipp

Sylvia Englert (2009): **Frag doch mal die … Maus!** Wetter und Klima. München: cbj

Birgit Laux (2009): **Sonne, Wind & Wasserkraft. In Experimenten und spielerischen Aktionen Klima und Energien erforschen und verstehen.** Aachen: Ökotopia

Susanne Schubert u. a. (Hrsg.) (2013): **Was macht die Kuh im Kühlschrank? Bildung für nachhaltige Entwicklung im Zuhause und in der Kita.** Kiliansroda: verlag das netz

Felix Homann (2012): **Erneuerbare Energien: Sonne, Wind und Wasser. Geolino.** Stuttgart: Kosmos

Ilka Ruhl & Arun Hackenberger (2012): **Leos Klimazonenreise.** Erhältlich unter www.kate-berlin.de/modul01.html

Lieder: **„Mama, mach das Licht aus!"** oder **„Eine kleine blaue Kugel"** (aus: Detlev Jöcker (2019): Erde, ich beschütze dich. 20 Natur-, Umwelt- und Klimaschutzlieder)

Webadressen zum Experimentieren:

www.3male.de; www.haus-der-kleinen-forscher.de/de/praxisanregungen/experimente-fuer-kinder

Impulse für die Eltern-Kind-Aktionen

Führen Sie gemeinsam mit den Kindern ein Ressourcensparbuch für die Eltern ein (z. B. Hin- und Heimweg mit ÖPNV/Fahrrad/zu Fuß vs. Auto) oder gestalten Sie ein ressourcenschonendes Kitafest. Hier können die Familien andere Formen von Energie kennenlernen, indem sie Drachen basteln oder andere Wind- und Wasserspiele ausprobieren.

Weitere Anregungen für Stationen des stromfreien Kitafests:

- Feuerwaffeln
- Backhaus
- Solarkocher
- Bananenstockbrot
- Upcycling

Projektideen, die begeistern

Energieprofis werden

Strom kommt aus der Steckdose, Licht vom Lichtschalter und warmes Wasser aus dem Wasserhahn. Ist doch klar – oder doch nicht? Wie Energie entsteht, wie sie in die Kita oder in unser Zuhause kommt und welche globalen Folgen mit der heutigen Energienutzung verbunden sind, bleibt uns häufig verborgen. Um diese Wissenslücken zu schließen, können Sie Ihr Team und Ihre Kita zu Energieprofis schulen lassen.

Anlaufstellen für zukünftige Energieprofis:

- Kitas für den Klimaschutz zu stärken, ist das Motto des Klima-Kita-Netzwerks (https://klima-kita-netzwerk.de). Es arbeitet bundesweit in den vier Regionen Ost, Nord, Süd und West. Das Projekt bietet Fortbildungen, Beratung, Informationen und Netzwerktreffen an.
- Eine Auszeichnungsmöglichkeit bietet das Projekt Klima-Kita.NRW (www.energieagentur.nrw/wissen/klimakita). Kitas, die eine Auszeichnung anstreben, können kostenlose Veranstaltungsangebote für pädagogische Fachkräfte und Kinder nutzen. Zudem erhalten sie Material für die Praxis.
- Das Haus der kleinen Forscher (www.haus-der-kleinen-forscher.de) bietet zahlreiche Veranstaltungen und Material rund um MINT (Mathe, Informatik, Naturwissenschaften und Technik) sowie zu BNE an.

- Das Projekt KLIMAfuchs (www.klimafuchs-kita.de) unterstützt Kitas in Hamburg bei der Umsetzung von Bildungsarbeit zu Energie und Klimaschutz. Gleichzeitig will es deutlich machen, welchen Beitrag Kindertageseinrichtungen zum Klimaschutz leisten können.

Spannende Experimente mit Sonne, Wind und Wasserkraft

Strom ist nicht gleich Strom. Lernen Sie mit den Kindern erneuerbare Energien kennen. Da der Strom heute noch nicht zu 100 % aus Sonne, Wind und Wasser kommt, regen schöne Kinderlieder und Bücher auch dazu an, Energie einzusparen (s. Materialtipp S. 57).
Einen besonders spannenden Zugang zu (erneuerbaren) Energien bieten kleine Experimente. Neben Angeboten der lokalen Energieversorger oder Verbraucherzentralen finden sich auch zahlreiche Ideen dazu im Netz oder im Buchregal (s. Materialtipp). Wer hätte z. B. gedacht, dass Zitronen Strom erzeugen können oder der Finger als Blitzableiter funktioniert? Auch die Kraft der Sonne sollte nicht unterschätzt werden. Wie Wind kann auch sie eine selbst gebaute Mühle antreiben.

Einblick in die Praxis

Stromdetektive und -detektivinnen

Die Kita „MyDagis Kappelshof" in Köln hat sich gefragt, was alles mit Strom betrieben wird. Gemeinsam erkundeten alle Stromdetektive und -detektivinnen die Kita und markierten die entsprechenden Orte. Im Anschluss gab es einen stromfreien Tag, um Ressourcen zu sparen.

Energie erleben

Das katholische Kinderhaus „St. Josef" aus Eppelborn startete mit einem Energieprojekt in Zusammenarbeit mit der lokalen Energieberatung. Unter dem Motto „Energie erleben" lernten die Kinder hier Energiequellen kennen und erforschten deren Eigenschaften. Dabei wurde gemeinsam der Unterschied von erneuerbarer Energie und endlichen Energiequellen herausgearbeitet.

Stromfreie Woche

Ohne geht's auch! Die städtische Kita „Rudolph-Nagell-Straße" aus Lünen stellte sich der Herausforderung einer stromfreien Woche. Der sorgsame Umgang mit Ressourcen, ein reflektiertes Konsumverhalten und viele Experimente ermöglichten den Kindern so ein Bewusstsein für Klima- und Umweltschutz zu entwickeln.
An jedem ersten Montag im Monat ist „Stromfrei". Ganz konsequent werden an diesem Tag keinerlei Stromquellen benutzt: Spülmaschine, Ofen, Computer, Lampen usw. bleiben aus. Dadurch erleben die Kinder, wie der Morgen dämmert, was ohne Strom nicht funktioniert und welche Alternativen es gibt. Für 57 Ganztagskinder wird gemeinsam das Mittagessen auf dem Grill bzw. im Backhaus zubereitet. Aufgaben wie z. B. das Holzhacken, Feuern, Bewachen des Feuers sowie die Suche nach Alternativen und Lösungen motivieren immer wieder dazu, sich neues Wissen anzueignen und Perspektivwechsel vorzunehmen.

Klimaschutz-Challenge

Klimaschutz kann eine richtige Herausforderung sein. Jedenfalls, wenn man ihn so ernst nimmt wie die Kinder der katholischen Kita „St. Barbara“ aus Essen. Unter dem Motto „Klimaschutz ist Familiensache“ wurden sie zu kleinen großen Umweltschützern und -schützerinnen. Als Lichtwächter, Wasserkontrolleurinnen und Müllsammler verfolgten sie einen ganzheitlichen Ansatz und beteiligten sich mit ihrem Projekt außerdem an der „Klima Challenge RUHR“.

2.3.2 Spielzeugfreie Zeit mit Naturmaterial

Blätter, Äste, Kastanien, Holz und Steine sind nur einige Naturmaterialien, die uns unsere Natur bietet. Naturmaterial regt die Fantasie an und lässt die Kinder kreativ werden. Aber Vorsicht: Im Sinne einer nachhaltigen Entwicklung sollte auf eine respektvolle, bewusste Verwendung geachtet werden. Statt Blätter oder Äste mutwillig abzureißen, sollten nur Äste auf dem Boden und nur ausgewählte Blüten und Blätter gesammelt werden, damit die Pflanze nicht zerstört wird.

Hintergrund

Aktuell werden immer noch viele Spielzeuge in China unter erschreckenden Bedingungen hergestellt. Fehlende Schutzausrüstungen, Kontakt mit gefährlichen Chemikalien, dürftige Löhne und Überstunden sind große Probleme in den Spielzeugfabriken.

Im Gegensatz zu vielen komplex aufgebauten Plastik-Spielzeugen gibt Naturmaterial den Kindern nicht vor, wie sie damit spielen sollen. Dadurch lädt es in besonderem Maße zu einem zweckfreien, fantasievollen Spielen ein. Eine spielzeugfreie Zeit, in der das gewohnte Spielzeug auf Zeit aus der Kita verbannt wird, unterstützt die Kinder in dieser Erfahrung. Sie erleben die Freiheit, ihre Kreativität zu entfalten und ihre Umwelt aktiv zu erforschen. Durch das Fehlen der Spielsachen setzen sich die Kinder außerdem sehr intensiv und ausdauernd miteinander und mit sich selbst auseinander. Dies formt die eigene Persönlichkeit – besonders die Themen Gefühle und Konflikte, das Sprechverhalten und die kognitiven Fähigkeiten werden durch die spielzeugfreie Zeit angeregt.

Materialtipp

Toys Report: Bericht zu den Arbeitsbedingungen in der chinesischen Spielzeugindustrie: www.ci-romero.de/wp-content/uploads/2018/12/Toys-Report-2018.pdf

WWF-Handbuch zur Naturerfahrung inkl. Mitmachaktion: www.wwf.de/aktiv-werden/bildungsarbeit-lehrerservice/natur-verbindet/handbuch-natur-verbindet

Projektvorschläge vom Bundesamt für Naturschutz: www.naturdetektive.de

Projekte, Wettbewerbe, Aktionen und mehr von der Naturschutzjungend NAJU: www.naju.de/für-kinder

Gerd E. Schäfer u. a. (2008): **Natur als Werkstatt. Über Anfänge von Biologie, Physik und Chemie im Naturerleben von Kindern**. Kiliansroda: verlag das netz

Gisela Walter (ab 2008): **Die Elemente im Kindergartenalltag.** Vier Bände: Luft, Feuer, Wasser, Erde. Freiburg: Herder

Regina Bestle-Körfer u. a. (2011): **Naturspiele-Hits.** Aachen: ökotopia

Regine Bestle-Körfer & Annemarie Stollenwerk (2010): **Sinneswerkstatt Landart. Naturkunst für Kinder.** Aachen: ökotopia

Impulse für Eltern-Kind-Aktionen

Fast alle Eltern kennen es: Nach der ersten Anfangseuphorie landet das einst sehnlichst gewünschte Plastikmonster unbeachtet in einer Ecke und leistet seinen Vorgängern Gesellschaft beim Einstauben. Spätestens wenn Nadja oder Loris dann mal wieder über Langeweile klagen, dürften viele Erziehungsberechtigte an den Spielzeugbergen zweifeln.

An diese Erfahrung können Sie als Fachkraft anknüpfen. Eine spielzeugfreie Zeit unterstützt Kinder, sich wieder selbstständig zu beschäftigen und der eigenen Kreativität freien Lauf zu lassen. Die spielzeugfreie Zeit soll sich deshalb nicht prinzipiell gegen Spielzeug richten, denn dieses ist für die Entwicklung und Kreativität der Kinder enorm wichtig. Sie richtet sich lediglich gegen die Masse an vorgefertigtem

Spielzeug, welches Kindern zu wenig Gelegenheit gibt, ihre eigenen Ideen zu entwickeln. Und vielleicht inspiriert ein spielzeugfreier Tag in der Kita die Eltern dazu, auch zu Hause mal auszumisten?

Projektideen, die begeistern

Sinnesgarten

Entdecken Sie gemeinsam mit den Kindern die Natur vor der eigenen Haustür. Wenn Sie über einen Garten verfügen, können Sie z. B. einen Sinnesgarten einrichten, bei dem hören, riechen, schmecken, sehen und spüren im Fokus stehen. Ein Sinnesgarten ist aber auch ein Platz zum Ausruhen. Erforschen und ertasten Sie gemeinsam mit den Kindern unterschiedliche Untergründe wie z. B. große Steine, Asphalt, Kies, Wiese, Mulch. Lassen Sie die Kinder immer wieder erzählen, was sie fühlen. Kleine Turnbeutel (aus fairer Bio-Baumwolle) können durch die Befüllung mit Tannenzapfen, Federn oder Steinen zu Fühltaschen werden. Kräuter oder Blüten in der Hand zu zerreiben, regt die Nase an.
Positive Naturerfahrungen stärken das Selbstvertrauen der Kinder, schulen die sinnliche Wahrnehmung und das ästhetische Empfinden. Naturerleben fördert Aufmerksamkeit und Konzentration, unterstützt die Ausbildung motorischer Fähigkeiten und verbessert das Sozialverhalten.

Gestalten mit Naturmaterial

Natur eignet sich nicht nur zum Bauen und Spielen, sondern auch zum Gestalten:

- Kastanientiere

Kastanientiere wie Igel, Raupen, Spinnen oder Elche entstehen ganz einfach aus Zahnstochern. Mithilfe eines schmalen Handbohrers lassen sich Löcher am leichtesten in frisch gesammelte Kastanien bohren. Als Alternative zum Handbohrer eignet sich ein guter Alleskleber.

- Blütenseifen

Seifen mit Blüten sind ein Hingucker! Verwenden Sie hierzu alte Joghurtbecher als Gussformen sowie Seifenrohmasse und etwas Duftöl. Schmelzen Sie eine kleine Portion Seifenrohmasse nach Herstelleranleitung. Sie benötigen eine Menge, die für die untere Hälfte der Seife ausreicht. Geben Sie nun etwas von der flüssigen Seife in die Gießform und warten kurz, bis die Masse leicht zähflüssig wird. Die Blüte vorsichtig in die zähe Masse drücken. Schmelzen Sie dann eine neue Portion der Seifenrohmasse.

Gießen Sie diese auf die Blüte, bis sie vollständig bedeckt ist. Nach Lust und Laune können ein paar Tropfen Duftöl hinzugegeben werden.

- Memory

Aus Eichelhüten können Sie mit den Kindern ein Memory gestalten. Die Kinder bemalen dazu jeweils zwei Eichelhüte. Ob gepunktet, einfarbig oder gestreift, der Kreativität sind keine Grenzen gesetzt.

- Tic Tac Toe

Aus kleinen bemalten Steinen entsteht ein Tic-Tac-Toe-Spiel. Das Spielfeld können Sie auf einen kleinen fairen Baumwollbeutel aufmalen, sodass der Beutel gleichzeitig als Verpackung der Steinchen dient.

Einblick in die Praxis

Spielzeugurlaub

Die städtische Kita „Am Hallenbad" in Korschenbroich hat einen zweiwöchigen Spielzeugurlaub in das Kita-Jahr eingebaut. Statt Bauklötzen und Co. standen den Kindern Naturmaterialien (z. B. Holz, Steine, Sand, Wasser) und Alltagsgegenstände (z. B. Decken, Matten, Stühle, Tische, Kartons) zur freien Verfügung. Ein voller Erfolg! In einer Kinderkonferenz entschieden sich die Kinder dafür, ihr Spielzeug noch für weitere zwei Wochen in den Urlaub zu schicken.

Spielzeugfreie Zeit

Wie kann ich die spielzeugfreie Zeit in der Kita gestalten? Die städtische Kita „Am Hallenbad" aus Korschenbroich gibt folgende Hinweise dazu:

- Es ist wichtig, die Kinder auf die spielzeugfreie Zeit vorzubereiten. Das Spielzeug sollte gemeinsam eingepackt und verstaut werden
- Naturmaterialien und Alltagsgegenstände stehen den Kindern zur freien Verfügung; Bastelmaterialien werden auf Nachfrage der Kinder herausgegeben; gemeinsame Regeln werden zusammen erarbeitet und mehrfach wiederholt
- Am Ende der Zeit wird das Spielzeug mit den Kindern gemeinsam zurück in den Raum geholt. Wenn das Spielzeug zurückkommt, wird es nach und nach wieder in die Räume aufgenommen. Die Kinder entscheiden selbst, was sie wann brauchen.

2.3.3 Upcycling

Aus Alt mach Neu: Beim Upcycling erfahren Produkte keinen Wertverlust. Im Gegenteil: Sie werden aufgewertet. Wenn aus einer alten Flasche eine schöne Blumenvase entsteht, die Konservendose zum praktischen Stiftehalter umfunktioniert wird oder ein Windspiel aus Kronkorken gebaut wird, erinnert nichts mehr an Müll.

Hintergrund

Upcycling ist eine Form der Ressourcenschonung. Verlieren Produkte beim Downcycling an Wert (z. B. ein altes T-Shirt wird als Putzlappen weiterverwendet), findet beim Upcycling der gegenteilige Prozess statt. Wichtig hierbei ist jedoch, dass wirklich Abfallprodukte verwendet werden und keine Produkte, die einem Pfandsystem angehören. Andernfalls wird diese Ressource dem Recyclingsystem entzogen.

Impulse für Eltern-Kind-Aktionen

Bauen Sie mit den Eltern und den Kindern in einer gemeinsamen Aktion etwas Sinnvolles für die Kita, wie z. B. Möbel aus alten Einweg-Paletten oder ein Kräuterregal. Pinnwände aus Korken oder Blumentöpfe aus Dosen können ebenfalls die Kita schmücken.

Projektideen, die begeistern

Windspiel

Für das Windspiel benötigen Sie ca. 42 Kronkorken, 7 m Geschenkband, 7 Knöpfe oder Glasperlen, einen Bindedraht sowie einen alten Plastikdeckel. Lochen Sie zunächst alle Kronkorken an der Plastikabdeckung und schneiden Sie das Geschenkband in 7 unterschiedlich lange Stücke. Mit einer Stricknadel können Sie das erste Band durch die Löcher der Kronkorken ziehen und diese mit einem Doppelknoten fixieren. Sie können die Kronkorken an verschiedene Stellen am Band anbringen. Am oberen Ende des Bandes sollte jedoch ein etwa 15 cm langes Stück frei bleiben. Dann können Sie an die 6 anderen Bänder Kronkorken anbringen. Stechen Sie anschließend ein Loch mittig in den Plastikdeckel. Ziehen Sie das erste fertige Band durch dieses Loch und befestigen Sie es mit einem Knopf mit Doppelknoten. Stechen Sie dann weitere 6 Löcher als Kreis um das Loch im Zentrum und befestigen Sie die anderen Bänder ebenfalls mit einem Knopf. Das überstehende Band am Deckel können Sie nun noch zusätzlich an einem Kreis aus Draht befestigen. Dazu knoten Sie alle Bänder an den Draht. Zum Schluss können Sie ein zusätzliches Band als Befestigung an den Kreis anbringen.

Liebe Eltern,

in unserer Kita ist ein akuter Fall von Klimaschutz aufgetreten!

Symptome sind

- **Ressourcenschutz**
- **Müllvermeidung**
- **Mülltrennung**
- **Klimafreundlichkeit**
- **Upcycling**
- **Schutz von Lebensräumen für Tiere**
- **Erhalt der Artenvielfalt**

Bitte seien Sie achtsam!

Wir setzen uns aktiv für eine bessere Zukunft ein.

Materialtipp

Renata Fossen Brown (2015): **Garten-Lab für Kinder: 52 grüne Abenteuer für kleine Gärtner.** Igling: EMF

Windlichter aus Dosen

Sie benötigen leere, gereinigte Konservendosen ohne Etiketten, einen Basteldraht, ein Handtuch sowie eine Stechahle.

Füllen Sie die Dosen mit Wasser und stellen diese über Nacht in das Gefrierfach. So lassen sich einfacher die Löcher in die Dose bohren, ohne dass die Dose verbeult. Nehmen Sie die Dose aus dem Gefrierschrank und legen diese auf ein Handtuch. Stanzen Sie für die Anbringung zwei gegenüberliegende Löcher unter den oberen Rand der Dose. Nach dem Zufallsprinzip können Sie nun überall in die Dosenwand weitere Löcher stanzen. Lassen Sie dabei am Dosenboden etwa 2,5 cm frei. Ziehen Sie den Draht durch die beiden gegenüberliegenden Löcher und knoten diesen jeweils fest. Nach dem Trocknen der Dose können Sie ein Teelicht oder eine selbst gemachte Sojakerze in Ihr Windlicht stellen.

Quelle: Renata Fossen Brown (2015): Garten-Lab für Kinder: 52 grüne Abenteuer für kleine Gärtner. Igling: EMF.

Blüten-Magnete

Kronkorken oder alte Plastikdeckel von Flaschen lassen sich schnell in kleine Magnete verwandeln. Hierzu legen Sie ein Blütenblatt in den Deckel und füllen diesen langsam mit Harz auf. Nach dem Trocknen können Sie auf der Rückseite des Deckels einen kleinen Magneten aufkleben. Als Alternative zu den Blüten können kleine Kreise aus Papier bemalt und in den Deckel geklebt werden.

Quelle: Renata Fossen Brown (2015): Garten-Lab für Kinder: 52 grüne Abenteuer für kleine Gärtner. Igling: EMF.

Nachhaltige Schachfiguren

Aus alten Waschmittelflaschen und etwas Stoff lassen sich große Schachfiguren basteln. Das Spielbrett kann mit Kreide aufgemalt werden.

Einblick in die Praxis

Kartonbaukunst

Die evangelische Kita „Schüren" aus Dortmund fertigte aus Getränkekartons ein Haus. Und weil die Kinder so begeistert von ihrem Haus waren, verwandelten sie es zur Weihnachtszeit sogar kurzerhand in eine Krippe. Natürlich gehören zu einer Krippe auch Krippenfiguren. Warum nicht auch sie aus Karton herstellen?
Dass dem Basteln mit Getränkekartons keine Grenzen gesetzt sind, zeigt die städtische Kita „Nobileweg" aus Stuttgart: Sie bastelte hübsche kleine Vogelhäuser.

Kostümkarneval

Richtig kreativ wurde die Kita „Mechern" in Merzig. Sie nutzte das Thema Müll für ein lustiges, selbst gebasteltes Kostüm zu Karneval und schon waren viele kleine Müllmonster geboren.

Müll-Statuen

Die BKJ-Kita „St. Georg" aus Eschweiler sammelte den Müll in der Kita und startete eine Kunstaktion: Mit Müll und Pappmaschee bauten die Kinder individuelle „Ich-Statuen".

Eierkarton-Taschen

Dass Müll auch ein schickes Accessoire sein kann, zeigte der Kindergarten „Altheim". Welches Kind hätte nicht gern eine praktische Eierkarton-Tasche?

2.3.4 Miethühner on Tour

Tiere in der Kita können einen wichtigen Beitrag zur Entfaltung der Persönlichkeit der Kinder leisten. Nicht immer aber stehen die nötigen Ressourcen zur Verfügung, um ein Tier das ganze Jahr über artgerecht in der Kita zu halten. Mit Miethühnern hingegen bringen Sie die Kinder mit Tieren in Kontakt, ohne dass Sie ihnen ein dauerhaftes Zuhause bereiten müssen. Dadurch erhalten Kinder die Möglichkeit, schrittweise zu lernen, was es heißt, für ein anderes Lebewesen verantwortlich zu sein: Sie dürfen die Tiere versorgen, die Ställe reinigen und jeden Tag ein Ei holen.

Hintergrund

Zielgruppen von Hühnervermietungen sind Privatleute, Kitas, Schulen, Pflegeheime, Behinderteneinrichtungen und Kinderkliniken. Beim Halten der Hühner werden viele Kompetenzen im Sinne einer Bildung für nachhaltige Entwicklung gestärkt und ausgebaut. Durch die Einbindung von Tieren in die tägliche pädagogische Arbeit können Impulse für Lernprozesse der Kinder entstehen. Ein Tier kann so zur Sinnesförderung, zur Förderung der sozialen und kognitiven Kompetenz sowie der lebenspraktischen Erfahrungen beitragen.
Kinder übernehmen auch Verantwortung und stärken ihr Achtsamkeitsempfinden sowie den Respekt gegenüber dem Tier. Es geht um Einfühlungsvermögen, ökologische Zusammenhänge und die Entwicklung der eigenen Persönlichkeit. Im Sinne der

Nachhaltigkeit geht es auch um eine Annäherung an die Natur und einen bewussten und wertschätzenden Konsum von Lebensmitteln.
Ein wichtiger Aspekt für die vorübergehende Tierhaltung in der Kita ist eine artgerechte Haltung. Es müssen klare Verantwortlichkeiten abgesprochen werden und Tiere gewählt werden, die den räumlichen Verhältnissen entsprechen. Schließlich sind auch Vorgaben zur Hygiene zu berücksichtigen.

Impulse für Eltern-Kind-Aktionen

Nicht jede Familie hat den Platz oder die Kapazitäten für ein Haustier. Trotzdem profitieren Kinder auf vielfältige Weise von einem Kontakt zu Tieren. Vielleicht wollen die Eltern darum den Besuch der Hühner einmal im Jahr als Geschenk für ihre Kinder finanzieren? Indem Sie den Familien die Vorteile von einem Miethuhn-Projekt aufzeigen, holen Sie sie mit ins Boot. Gehen Sie dabei auch auf ihre Bedenken ein: Die Tiere fühlen sich in den mobilen Ställen wohl, sind gesund und werden artgerecht gehalten. Das wird auch vom jeweiligen Anbieter kontrolliert.
Die Eltern der städtischen Kita „Rudolph-Nagell-Straße" aus Lünen finanzieren den Besuch der Hühner z.B. einmal einmal im Jahr

Materialtipp
Eine gute Übersicht über verschiedene **Hühnervermietungen** und weitere Informationen bietet die Homepage www.mieteeinhuhn.de/hühnervermietung

Projektideen, die begeistern

Arbeitsteilung bei der Hühnerhaltung

Kinder erhalten bei der Haltung von Hühnern die Möglichkeit, sich unmittelbar mit Nutztieren und dem Thema Ernährung auseinanderzusetzen. Neben dem Aufgreifen ihrer spontanen Neugierde wird dabei auch das Verantwortungsbewusstsein und die Achtsamkeit gegenüber Tieren geschult.

Darüber hinaus werden die Kinder damit konfrontiert, dass die Hühnerhaltung mit viel Arbeit verbunden ist. Das Projekt Miethuhn gelingt reibungslos, wenn die Kinder sich bereits im Vorfeld mit der Hühnerhaltung und den Eigenarten der Tiere beschäftigen. Schließlich gibt es einige Aufgaben zu bewältigen: Die Hühner müssen zu bestimmten Zeiten gefüttert werden, der Stall und die Auslauffläche sauber gehalten und die gelegten Eier müssen regelmäßig eingesammelt werden. Eine genau festgelegte Arbeitsteilung ist deshalb von Vorteil. Dann bleibt auch Zeit zum Staunen: Wer hätte etwa gedacht, dass die Eier noch warm sind, wenn sie aus dem Hühnerstall geholt werden?

Tierische Kita

Nicht nur Hühner können Kinder in ihrem Wissensdurst beflügeln. Je nach Kapazität des Außengeländes bieten sich ganz verschiedene Tiere für die Kita an. Einen kleinen Einstieg in die Welt der Tiere bei wenig Platz sind z. B. Wurmkisten (s. S. 31 ff.). Bei einem großzügigen Außengelände können es auch Schafe sein.

Einblick in die Praxis

Schafe in der Kita

Das städtische Familienzentrum Nathmerichstraße „Hand in Hand" aus Dortmund hält seit 2013 auf ihrem großen Außengelände zwei Schafe. Hilde und Jim sind Mutter und Sohn und fühlen sich in ihrem Stall und dem dazugehörigen großen Gehege sehr wohl. Die Schafe unterstützen den Forschungsdrang und die Achtsamkeit der Kinder. Sie sind immer wieder auch Ausgangspunkt für weitere Projekte, wie die Weltreise eines T-Shirts, das Weben und Färben von Wolle sowie den Schutz der Umwelt.

Gräfin Dracula zu Besuch

Manchmal erhält man auch ohne eigenes Zutun tierischen Besuch. Die katholische Tageseinrichtung „Christkönig" aus Saarbrücken hat seit einigen Jahren Untermieter in den Ritzen ihres Flachdaches. Zwischen Metalleinfassungen und Mauerwerk befindet sich das Sommerquartier von Zwergfledermausweibchen. Ab Mitte Mai beziehen diese ihre Wohnstube und bringen Mitte Juni bis Anfang Juli ihre Jungen zur Welt. Manchmal fallen Jungtiere aus ihrer Wohnstube und benötigen die Unterstützung der Kita-Kinder.

Diesen Zufall nahm die Kita zum Anlass, ein Fledermausrettungsprojekt zu starten und einen Fledermausgarten zu gestalten. Den Jugendtierschutzpreis des Saarlandes 2016 hat sie sich damit redlich verdient.

Huhn oder Ei?

Was war zuerst da: Huhn oder Ei? Die städtische Kita „Franzbrunnen" aus Saarbrücken und die städtische Kita „Rudolph-Nagell-Straße" aus Lünen setzten sich bei ihrem Huhnprojekt mit der Thematik Ernährung auseinander. Wie lebt ein Huhn? Was frisst es und woher kommen die Eier?

Durch die Beschäftigung mit diesen Fragen lernten die Kinder, dass das Ei nicht aus dem Supermarkt kommt, sondern dass die Natur uns die Nahrung liefert.

Materialtipp

Material zu Fairem Handel

Vorlesegeschichte **„Mit Paulo um die Wette pflücken"** (Fairer Handel mit Orangen): https://mission.de/fix/files/www-06-orangen-fairer%20handel.pdf

Filmclip zu den Spielregeln des Fairen Handels, zu den Siegeln im Fairen Handel und mehr: www.forum-fairer-handel.de

Hintergrundinformationen zum Fairtrade-Siegel sowie kurze Filmbeiträge, Plakate und Postkarten zu bestimmten Produkten: www.fairtrade-deutschland.de

Webinare, allgemeine Informationen zum Fairen Handel sowie Informationen zur Fairen Woche: www.faire-woche.de

Anlaufstellen und Kooperationen

KATE – Kontaktstelle für Umwelt und Entwicklung e. V. in Berlin: www.kate-berlin.de

Bildung trifft Entwicklung: www.bildung-trifft-entwicklung.de

Eine-Welt-Regionalpromoter und -promoterinnen: www.einewelt-promotorinnen.de/promotorinnen

Eine-Welt-Landesnetzwerke: https://agl-einewelt.de/eine-welt-landesnetzwerke

2.3.5 Faires Frühstück

Ein faires Frühstück eignet sich nicht nur, um in die Thematik Fairer Handel einzusteigen, sondern kann auch zur Außendarstellung genutzt werden. Ihre Kita knüpft damit neue Beziehungen innerhalb des Stadtteils oder festigt bereits bestehende Beziehungen. Das faire Frühstück lädt aber auch zum Nachdenken über Gerechtigkeit weltweit ein – im Team, mit den Eltern und den Kindern.

Hintergrund

Mögliche Gäste beim fairen Frühstück können neben der Familie z. B. der Pfarrer oder die Pfarrerin aus der Gemeinde sein, Nachbarn und Nachbarinnen aus dem Seniorenheim, lokale Einzel- und Großbetriebe, kommunalpolitische Vertretungen oder auch die örtlichen Zeitungen und Radiosender. Sie können das Frühstück regelmäßig oder auch nur einmal im Jahr in der Fairen Woche (s. Materialtipp) veranstalten, in der Kita oder an einem anderen geeigneten Ort. Günstiger wird das Frühstück übrigens, wenn

Sie sich dafür einen Partner oder eine Partnerin suchen. Faire Schulen, die Fairtrade-Town-Steuerungsgruppe oder ein lokales Unternehmen sind gute Anlaufstellen für eine Kooperation.

Impulse für Eltern-Kind-Aktionen

Der globale Süden deckt unseren Tisch und zieht uns an. Daher ist es wichtig, sich Gedanken zu machen, unter welchen Bedingungen die Produkte, die wir konsumieren, produziert werden. Diese Thematik kann beispielsweise in einem Elternabend aufgegriffen werden, den Sie gemeinsam mit den Familien gestalten (s. Materialtipp S. 73).

Projektideen, die begeistern

Guten Appetit!

Überlegen Sie im Vorfeld, was Ihnen an dem Frühstück mit den Kindern wichtig ist. Greifen Sie dabei vor allem auf saisonale und regionale Produkte zurück – vom Bio-Supermarkt, dem eigenen Garten oder vom Markt. Achten Sie bei Lebensmitteln, die nicht regional produziert werden können, wie z. B. Orangensaft, Multivitaminsaft, Mandelcreme, Schokoaufstrich, Banane etc. auf ein Fair-Trade-Siegel. Wenn Sie sich an diese Leitlinien halten, ist das Frühstück zugleich ein Klima-Frühstück.

Aktionen rund ums Frühstück

Das faire Frühstück wie auch das Klimafrühstück orientieren sich inhaltlich und methodisch am Konzept der Bildung für nachhaltige Entwicklung. Verbinden Sie das Frühstück mit kleinen Aktionen, die die jeweilige Thematik unterstützen. Schauen Sie z. B. gemeinsam, wo die Produkte herkommen, oder verbinden Sie das Frühstück mit einer Geschichte über die Klimazonen (s. Materialtipp S. 73). Sie haben auch die Möglichkeit, Referenten und Referentinnen zum Frühstück einzuladen. Verschiedene Organisationen unterstützen Sie dabei (s. Materialtipp).

Einblick in die Praxis

Fair mit allen Sinnen

Hören, schmecken, fühlen, riechen, sehen: Die städtische Kita „Schillerstraße" in Eschborn befasst sich seit Langem intensiv mit dem Thema Fairer Handel und macht die Kinder auf sinnliche Art mit fair gehandelten Produkten vertraut. Unter anderem bietet sie einmal im Jahr ein faires Frühstück an. Auf dem Tisch stehen dann allerlei Köstlichkeiten: Biobrot mit fair gehandeltem Aufstrich, BanaFair-Bananen, fair gehandelte Kekse und Getränke. Auch der stellvertretende erste Stadtrat interessierte sich für das Projekt und beantwortete den Kindern all ihre Fragen zum Fairen Handel.

Vom Feld zum Supermarkt

Wo kommen unsere Lebensmittel eigentlich her? Ein Atlas und Infomaterial helfen dabei, den Weg unserer Nahrung vom Supermarkt bis zum Anbau zu verfolgen. Diese Reise hat auch die Kolping-Kita „Lummerland" in Velbert unternommen. Aus ihren gemeinsamen Erkenntnissen erarbeiteten die Kinder ein Herkunftsplakat mit Bildern und sprachen über die Anbaubedingungen.
Im Projekt entstanden außerdem Ideen, wie die Umwelt geschützt werden kann, z. B. indem man das Auto stehen lässt und den Wocheneinkauf – natürlich zusammen mit den Kindern – mit dem Bollerwagen macht. Selbst die Eltern wurden einbezogen: Die Kinder schenkten ihnen selbst gestaltete Stofftaschen für den Einkauf.

Weltladen statt Discounter

Die katholische Kita „St. Georg" aus Limburg hat ein faires Frühstück in Kooperation mit dem lokalen Weltladen angeboten. Die Vorschulkinder durften vor Ort das Sortiment erkunden und sich gemeinsam mit Mitarbeitern und Mitarbeiterinnen aus dem Weltladen beraten, welche Leckereien zum Frühstück passten. Die Kinder erhielten so nicht nur Informationen über faire Bezahlung für Arbeit und Rohstoffe, sie wurden auch direkt für ihr Frühstück fündig: Faire süße wie herzhafte Aufstriche aus aller Welt kamen gemeinsam mit regionalen Waren auf den Tisch. Gemeinsam mit dem Weltladen-Team ließen es sich die Kinder schmecken.

Faire Orangen

„Habt ihr eine Idee, was fair und was unfair bedeuten könnte?" Diese Frage stellten die städtische Kita „Am Ostpark" und die Kita des „Studentenwerks im Saarland e. V." den Kindern.

Ich finde es nicht gut, wenn ich keinen zum Spielen habe.

Ja, also das ist, wenn man glücklich ist.

Fair ist, wenn meine Eltern mit mir und meinem Bruder einen Ausflug machen.

Wenn mein Freund nicht mit mir teilen will, dann finde ich das unfair.

Um Fairness auch bei unserer Ernährung kennenzulernen, machten die Kitas sich auf die Reise herauszufinden, wo faire Orangen wachsen und wie daraus fair gehandelter Orangensaft wird. Zunächst betrachteten alle gemeinsam Orangen und einige Bilder. In einem Atlas wurden die Anbaugebiete herausgesucht, die Kinder erhielten Informationen über eine Orangenplantage und natürlich durfte auch das Pressen und Probieren von Orangen(-saft) nicht fehlen.

Mithilfe der Geschichte von Paulo (s. Materialtipp S. 73) wurde das Thema Kinderarbeit aufgegriffen. Zu der Geschichte gestaltete die Einrichtung „Am Ostpark" ein Bilderbuch sowie ein Puzzle. Auch gestalteten die Kinder gemeinsam Collagen zum Thema. Durch die kreative Auseinandersetzung wurde der Weg der Orange bis hin zum fairen Saft noch einmal anschaulich dargestellt.

2.4 Winter

2.4.1 Karneval – bunte Vielfalt statt Klischees

Fastnacht, Karneval oder Fasching – das närrische Treiben ermöglicht Kindern und Erwachsenen in neue Rollen zu schlüpfen. Das Ausprobieren anderer Identitäten kann Offenheit, Neugier und persönliche Entwicklung fördern.
Doch was hat Verkleiden mit einer nachhaltigen Entwicklung zu tun? Zum einen gibt es die Möglichkeit, Ressourcen zu schonen, indem Kostüme aus Altkleidern geschneidert und Schminke mit Naturfarben hergestellt werden. Zum anderen aber lädt Karneval auch dazu ein, sich mit kultureller Vielfalt und den eigenen Vorurteilen auseinanderzusetzen.

Hintergrund

Kinder lernen schon früh, Zuschreibungen von ihren Familienmitgliedern und weiteren Bezugspersonen zu übernehmen. Deshalb ist die Auseinandersetzung mit den eigenen Vorurteilen und damit, wie diese weitergegeben werden, insbesondere für pädagogische Fachkräfte und Eltern von Relevanz.
Eine wichtige Rolle spielt die Sprache, die wir nutzen. Manchmal verwenden wir Wörter, deren Herkunft oder Entstehungsgeschichte uns nicht bewusst ist und mit denen wir (unwissentlich) andere Menschen verletzen (s. z. B. Kasten S. 78). Dabei geht es nicht um die Frage „Was darf ich sagen?", sondern vielmehr um Fragen wie: „In welchem Kontext sind die Begriffe entstanden, die ich nutze?", „Wie gehe ich verantwortungsvoll mit Sprache um?". Aus dieser Auseinandersetzung folgt dann die bewusste Entscheidung: „Welche Wörter möchte ich nutzen?"
Welche Bilder in den Medien gezeigt werden und welche Bilder nicht gezeigt werden, beeinflusst unsere eigenen Bilder im Kopf und die damit verbundenen Assoziationen. Deshalb ist es wichtig, bewusst Gegenbilder zu gängigen Stereotypen zu schaffen und Vielfalt abzubilden.

Quelle: Anke Krause u. a. (2016): Inklusion in der Kitapraxis 3: Die Interaktion mit Kindern vorurteilsbewusst gestalten. Berlin: Was mit Kindern.

Impulse für Eltern-Kind-Aktionen

Beim Karneval freuen sich Kinder vor allem darauf, in fremde Rollen und coole Kostüme zu schlüpfen. Aber welche Kostüme bedienen nur Klischees auf Kosten einer Ethnie oder Bevölkerungsgruppe (s. Materialtipp S. 78)? So individuell jedes Kind ist, so

„Eskimos" und „Indianer" – oder wie?

Was „Eskimo" eigentlich bedeutet, ist bis heute nicht geklärt. Fest steht aber, dass es eine Fremdbezeichnung für alle indigenen Völker im nördlichen Polargebiet darstellt und von einigen Gruppen als Beleidigung verstanden wird. Viele kanadische und grönländische Ureinwohner bevorzugen deshalb den Begriff „Inuit", was „Menschen" bedeutet. Andere indigene Volksgruppen fühlen sich aber eher dem „Volk der Eskimos" zugehörig oder benutzen ihre eigene Bezeichnung.

Stark umstritten ist auch der Begriff „Indianer", die im Deutschen verbreitete Sammelbezeichnung für die indigenen Völker Nordamerikas. Die Bezeichnung entstand durch die Kolonialisten und bildet nicht die Heterogenität der indigenen Völker ab. Die indigene Bevölkerung Nordamerikas nennt sich deshalb selbst „Native Americans" oder „First Nations".

Quelle: Rebecca Pates (Hrsg.) (2010): Antidiskriminierungspädagogik. Konzepte und Methoden für die Bildungsarbeit mit Jugendlichen. Heidelberg: Springer VS.

individuell ist auch jede Familie, ihre Geschichte und kulturelle Identität. Deshalb gilt es, verletzende Klischees nicht nur, aber auch beim Karneval zu vermeiden. Stattdessen können Sie die Eltern dazu einladen, alle Kinder in der Kita an ihrer Kultur durch Lieder, Geschichten oder gemeinsames Kochen teilhaben zu lassen.

Materialtipp

Glossar für diskriminierungssensible Sprache: www.amnesty.de/2017/3/1/glossar-fuer-diskriminierungssensible-sprache

Videos für die Elternarbeit: www.youtube.com **(Kanal Teen Vogue: „My Culture Is NOT A Costume"):** www.facebook.com/JaegerundSammlerDE/videos/2008609746088227

Hautfarbene Bunt- und Wachsmalstifte gibt es z. B. bei: www.hautfarben-buntstifte.com

Projektideen, die begeistern

Klischeefreie Vielfalt

Bereits mit kleinen Schritten können Sie das Thema kulturelle Vielfalt in der Kita klischeefrei und vorurteilsbewusst aufgreifen. Zum Beispiel, indem Sie die Kinderweltkarte, die sich verschiedener Stereotype bedient, durch eine Weltkarte mit Peters-Projektion ersetzen oder Hautfarbenbuntstifte in allen Farben anbieten (s. Materialtipp).
Bei der Frage „Wer möchte ich an Karneval sein?“ kann ein Buch zu kultureller Vielfalt Impulse geben. Ein anschließendes Gespräch darüber, wie Menschen aus anderen Ländern dargestellt werden und wie jeder und jede von uns gesehen werden möchte, fördert die Sensibilität bei der Wahl der Verkleidung, ohne den Spaß zu verderben.

Nachhaltiges Konfetti und Luftschlangen

Zu Karneval gehört Konfetti einfach dazu. Glücklicherweise können die Schnipsel nachhaltig und plastikfrei hergestellt werden. Denn die Grundlage für Konfetti findet sich in der Natur: in Form von grünen Blättern (bunt wird es z. B. mit Herbstblättern). Um die kleinen Schnipsel auszustanzen, eignet sich eine Lochzange oder ein Locher.
Luftschlangen dürfen auf der Faschingsparty nicht fehlen? Kein Problem. Schneiden Sie altes Geschenkpapier in schmalen Streifen horizontal ab, das Papier rollt sich dann von selbst.

Natürlich bunte Kinderschminke

Bunte Schminkfarbe erhalten Sie, indem Sie mit Roter Bete, Rotkohl, Malventee, Geranie, Holunder, Tagetes, Spinat o. Ä. einen Farbsud herstellen. Vermischen Sie dann 1 EL des Farbsuds mit zwei gestrichenen Esslöffeln Maisstärke. Alternativ können Sie auch erdfarbene Schminke selbst machen, z. B. um eine wildes Bärenkind einzustreichen. Hierzu vermischen Sie etwas Fett (Tagescreme oder Butter) mit fein gesiebter Erde.

Wenn Sie etwas mehr Zeit zur Vorbereitung haben, mischen Sie selbst gemachte Pigmente mit hochwertigem Pflanzenöl (Sonnenblumen- oder Aloe-vera-Öl). Je mehr Pigment in die Mischung kommt, desto deckender wird die Paste. Als Pulver für die Pigmente eignen sich Erde, Eierschale, Kreide oder Stärke. Raspeln Sie das Ausgangsmaterial klein und sieben es durch mehrere feine Siebe. Mischen Sie nun das Pulver mit Ihrem Farbsud. Diese Mischung lassen Sie trocknen (Umrühren beschleunigt den Trockenprozess). Ist Ihnen das Farbergebnis nicht intensiv genug, geben Sie einfach noch etwas von Ihrem Farbsud hinzu. Zum Schluss mischen Sie das selbst gemachte Pigment mit einem Bindemittel, wie z. B. Stärke.

Quelle: Peter Reichenbach & Irmela Erckenbrecht (2017): Farbstark mit sevengardens. Das Färbergarten-Netzwerk für eine bessere Welt. Darmstadt: pala-verlag.

Kostüme für Piratinnen und Zauberer

Aussortierte Kleidung und Stoffreste werten jedes Kostüm auf!

- Aus Stoffresten, einem aussortierten T-Shirt, einer alten Decke oder einem Kissenbezug wird im Handumdrehen ein Umhang für das Superhelden- oder Superheldinnenkostüm, die Zauberin oder den Ritter.
- Eine Piraten- oder Piratinnenhose entsteht, wenn Sie in eine fleckige Kinderhose Löcher hineinschneiden und die Enden ausgefranst werden. Indem man die Augenklappe malt, spart man Textilien oder Plastik.
- Ein weißes T-Shirt kann mit ein wenig künstlerischem Talent und Textilstiften einfach umgestaltet werden, z. B. zu einer Kochschürze, einer Ritterrüstung oder einem witzigen Tieraufdruck.
- Alte Brillenfassungen ohne Gläser und ein Blitz auf der Stirn – schon weiß jedes Kind, welcher kleine Zauberer hier den Zauberstab (Zweig ohne Rinde) schwingt!

Übrigens sind Kostüme nicht nur an Karneval angesagt: Richten Sie in der Kita eine Klamottenkiste ein, damit die Kinder das ganze Jahr in fremde Rollen schlüpfen können.

Tauschen & mieten

Schauen Sie, ob es in Ihrer Stadt ein Geschäft gibt, das Kostüme verleiht, oder regen Sie in der Kita eine Kostümtauschbörse an. So können Sie bereits vorhandenen Verkleidungen neues Leben einhauchen.

Einblick in die Praxis

Kita der Kulturen

Der „Kindergarten der Kulturen" aus Freiburg arbeitet nach dem GEO-Konzept Globales Lernen, Erziehungsbild, kulturelle Offenheit. Im Fokus steht hier die Antidiskriminierungsarbeit, um auf soziale Unterschiede in der Gesellschaft aufmerksam zu machen. Das gelingt im Alltag oder bei Projekten durch das Zubereiten von internationalen Speisen, durch Geschichten, Bücher, Tänze und Musik aus verschiedenen Ländern. Auch beim Kontakt mit neuen Sprachen begegnen die Kinder anderen Kulturen. Dabei geht es nicht darum, eine neue Sprache zu erlernen, sondern diese spielerisch in den Alltag einzubauen, z. B. durch zweisprachige Vorleseprojekte oder mehrsprachige Bücher.

Kitafreundschaften

Eine Partnerschaft mit einer Kita im globalen Süden kann einen aufregenden Zugang zu kultureller Vielfalt ermöglichen. Der Kindergarten in Bollingen pflegt beispielsweise eine Brieffreundschaft mit einer Kita in Tansania. Die DRK-Kita „Sternenschnuppe" aus Jena baut gerade eine Kooperation mit einer Kita in Nicaragua auf, da sie fairen Kaffee aus dieser Region verwendet.

2.4.2 Weihnachten weltweit

„Weihnachten weltweit" ist eine faire Mitmachaktion für die Adventszeit. Hier können Kugeln, Engel, Sterne und Herzen aus Fairem Handel bezogen werden, die die Kita-Kinder dann selbst zu individuellem Weihnachtsschmuck gestalten. Davon haben alle etwas: Die Familien bekommen ein schönes Geschenk, die Produzierenden aus Indien und Peru erhalten ein faires Einkommen und die Kinder haben beim künstlerischen Gestalten großen Spaß!

Die Adventsaktion ist eine Bildungsaktion, die Freude und interkulturelles Lernen verbindet und den Kindern einen praktischen Zugang zum Fairen Handel ermöglicht. Geschichten und Bilder rund um den Weihnachtsschmuck zeigen das Leben von Kindern und ihren Familien in den Produktionsländern.

Hintergrund

Die Aktion „Weihnachten weltweit" wird von Adveniat, Brot für die Welt, Misereor und dem Kindermissionswerk „Die Sternsinger" unterstützt und setzt sich für Fairen Handel ein. Die folgenden drei Fakten erschüttern, zeigen aber auch, dass jeder und jede Einzelne mit der Unterstützung von Fairem Handel etwas verändern kann:

- Etwa 1 % der Menschen besitzt so viel wie der Rest der Welt.
- Weltweit arbeiten 152 Millionen Kinder unter ausbeuterischen Bedingungen.
- Durch den Kauf und die Verwendung von fairen Produkten wird ein Beitrag zur Armutsbekämpfung geleistet. Bereits heute haben bereits 7 Millionen Menschen vom Fairen Handel profitiert.

Quelle: International Labour Organization (2018), www.ilo.org

Materialtipp

Infos und Materialien zur Umsetzung der Aktion: www.weihnachten-weltweit.de

Freundebuch weltweit: www.weihnachten-weltweit.de/paedagogische-materialien/freundebuch-weltweit

Kontakt zu Referierenden: www.bildung-trifft-entwicklung.de

Kostenfreie Sprachen-Weltkarte mit Begleitheft: www.bildung-trifft-entwicklung.de/didaktische-materialien.html

Impulse für Eltern-Kind-Aktionen

Neben einem Elternabend zum Thema Fairer Handel können Sie das „Freundebuch weltweit" (s. Materialtipp) zu einem Elternbuch umfunktionieren. Das bietet sich besonders an, wenn die Familien in Ihrer Kita aus vielen unterschiedlichen Kulturen stammen. Dabei beantworten sie Fragen zu ihren persönlichen Traditionen und Bräuchen zu Weihnachten. Alternativ können Sie die Vielfalt der Weihnachtstraditionen an einer großen Weltkarte in der Kita ausstellen.

Projektideen, die begeistern

Faire Weihnachten im Team und zu Hause

Überlegen Sie im Team, was Ihnen an Weihnachten wichtig ist. Gibt es ggf. nachhaltige Alternativen, die Sie in das Weihnachtsfest einbauen können? Das kann z. B. ein fairer Weihnachtsbaum, der faire Weihnachtsschmuck von „Weihnachten weltweit", die faire Schokolade oder auch ein klimafreundliches Weihnachtsessen mit der Familie sein.
Was schenken Sie sich im Team oder auch innerhalb der Familie? Gibt es vielleicht die Möglichkeit, sich nachhaltig zu beschenken? Wie wäre es mit einem Ausflug für die Familie, Bienenwachstüchern, Brotdosen oder Wein aus Fairem Handel? Auch Schrottwichtelgeschenke bieten sich für Nachhaltigkeit an: ein geschmolzener Schneemann in einer wiederverwendbaren Glasflasche, bemalte oder beklebte Kronkorken als Magnete, ein Handyhalter aus Klorollen oder bunte Eicheln in einem Glas als Deko können Ihren Kollegen und Kolleginnen eine kleine Freude machen.

Auf Weihnachts-Weltreise

Begeben Sie sich mit den Kindern auf eine Reise um die Welt und entdecken Sie die Vielfalt von Weihnachten in verschiedenen Ländern, indem Sie das Material von „Weihnachten weltweit" verwenden. Was wissen Sie über die Länder, in denen der faire Baumschmuck hergestellt wurde? War vielleicht jemand aus Ihrem Team oder aus der Elternschaft in Peru oder Indien? Legen Sie eine Ideensammlung zu den beiden Ländern an, um den Kindern die beiden Länder vorzustellen.
Aber Vorsicht vor Klischees! Entspricht das Bild im Kopf wirklich der Realität? Das Auswärtige Amt oder ein Referent bzw. eine Referentin (s. Materialtipp) kann Sie dabei unterstützen, neutrale und zugleich lebendige Länderinformationen zu erhalten.

Nachhaltiger Weihnachtsschmuck

Gestalten Sie mit den Kindern den Weihnachtsschmuck von „Weihnachten weltweit". Achten Sie auf Nachhaltigkeit, indem Sie z. B. Farbtinte aus Pflanzen herstellen (s. S. 38), ganze Blätter auf die Kugeln kleben oder daraus Konfetti ausstanzen. Eicheln bieten sich als kleine Wichtel im Baum an. Zum Kleben können Sie z. B. Kartoffelkleber (s. S. 84) nutzen. Über den fertigen Schmuck freuen sich nicht nur die Eltern. Er kann auch die Kita zur Adventszeit verschönern.

Wenn Sie aus ökologischen Gründen auf einen echten Baum verzichten, können Sie einen eigenen Baum aus Ästen nachbauen. Oder Sie nutzen Wäscheleinen, um die Kugeln, Herzen, Engel und Sterne mit nostalgischen Holzwäscheklammern aufzuhängen. Für ein besonders buntes Weihnachten können Sie die Wäscheklammern vorher mit Teebeuteln oder einem selbst gemachten Farbsud färben – oder Sie lassen die Kinder zum Farbkasten mit Naturfarben greifen.

Einblick in die Praxis

1001 Weltkugeln

Gemeinsam mit anderen Kindergärten und Schulen aus Dornstadt hat sich der Kindergarten „Malvenweg" an der Kunstaktion „1001 Weltkugeln" beteiligt. Hier waren alle Kinder eingeladen, eine kleine Weltkugel nach ihren Vorstellungen zu gestalten und mit einer Botschaft für eine bessere Welt zu ergänzen.

Rezept für nachhaltigen Kleber

Kartoffelkleber aus Dortmund: Die städtischen Fabido-Kitas nutzten die Stärke der Kartoffel geschickt zum nachhaltigen Kleben. Und so geht's: Gießen Sie 50 ml Wasser in einen kleinen Kochtopf. Messen Sie ca. 10 g Kartoffelstärke ab und rühren Sie diese in das Wasser ein, bis die Masse glatt ist. Erhitzen Sie die Masse unter ständigem Rühren, bis sie aufkocht und dickflüssig wird, anschließend abkühlen lassen. Die Klebestellen müssen zum Trocknen etwas länger zusammengedrückt werden, bis sie haften.

2.4.3 Warum ist die Banane krumm?

Ob morgens auf dem Frühstückstisch, mittags im Obstsalat oder als Quark-Nachtisch – Bananen begegnen den Kindern in der Kita häufig. Kein Wunder: 1,0 Millionen Tonnen Bananen wurden laut Statistischem Bundesamt im Jahr 2018 nach Deutschland eingeführt. Der jährliche Pro-Kopf-Verbrauch liegt bei gut 8,5 Kilogramm. Trotzdem wissen wir vieles nicht über die Banane: Wo kommt sie eigentlich her? Schmeckt eine Kochbanane anders? Wann wird die Banane gelb? Und natürlich der Klassiker: Warum ist die Banane krumm?

Hintergrund

Wichtigste Herkunftsländer der Banane sind Ecuador, Kolumbien und Costa Rica, die über 80 % der Bananen für den deutschen Markt produzieren. Zum Nachteil der kleinen und mittleren Betriebe wird der Bananen-Exportmarkt zu rund 75 % von nur fünf multinationalen Konzernen kontrolliert. Neben Kaffee und Blumen gehört nach Aussagen von Fairtrade Deutschland das gelbe Obst zu den absatzstärksten Fairtrade-Produkten. 2018 trugen in Deutschland ca. 92.000 Tonnen Bananen das Fairtrade-Siegel, damit lag der Marktanteil bei 13,5 %.

Quelle: TransFair e. V. (2018), www.fairtrade-deutschland.de/fileadmin/DE/mediathek/pdf/fairtrade_transfair_jahresbericht_2018.pdf

Alles Banane!

Warum ist die Banane krumm?

Die Bananen wachsen zu Beginn – wie andere Früchte – zur Erde hin, also nach unten. Erst wenn sie etwas größer sind, suchen sie das Licht und ihre Spitzen wachsen nach oben.

Wo kommt die Banane her?

Ursprünglich kommen die Bananen vermutlich aus Südostasien. Über arabische Händler gelangten sie nach Afrika, wo sie sich durch optimale klimatische Bedingungen schnell als Grundnahrungsmittel etablierten. Europäische Seefahrer brachten die Banane schließlich ab dem 15. Jahrhundert auch nach Amerika, wo sie bis heute angebaut wird.

Wie wachsen Bananen?

Heutzutage werden Bananen überwiegend in Ländern rund um den Äquator angebaut, in denen tropische oder subtropische Klimabedingungen vorherrschen. Für das Wachstum benötigen Bananen eine konstant warme Temperatur von über 20 °C, regelmäßige Niederschläge und viel Sonnenlicht.

Bananen wachsen an Stauden, die 3 bis 10 m hoch werden können. Der Stamm ist jedoch ein „Scheinstamm", da er nicht aus Holzfasern, sondern aus Blattscheiden besteht. Jede Bananenstaude trägt nur einmal Früchte. Danach stirbt der Stamm ab und ein neuer Sprössling wächst an der Stelle heran. Bis an diesem wieder Bananen geerntet werden können, vergehen etwa 9 Monate.

Quelle: Südwind (2012),www.suedwind-institut.de/index.php/de/alle-verfuegbaren-publikationen/fs_die_wertschoepfungskette_von_bananen.html

Materialtipp

Sendung mit der Maus:

„Warum ist die Banane krumm? Sachgeschichten mit Armin Maiwald"

Youtube-Kanal Sachgeschichten mit Armin Maiwal

www.youtube.com (Kanal „Bibliothek der Sachgeschichten")

Domino-Spiel und andere Ideen:

www.faire-woche.de/fileadmin/user_upload/media/mitmachen/mitmachen_fuer_junge_leute/kindergottesdienst_bananen/kigo_bananenheft.pdf

Impulse für Eltern-Kind-Aktionen

Wie viele verschiedene Aufkleber entdecken die Kinder gemeinsam mit ihren Eltern beim Einkaufen von Obst und Gemüse? Und was bedeuten sie? Geben Sie bereits Hinweise, wo der Apfel oder die Banane herkommen oder wie sie angebaut wurden (Bio, Fair Trade)? Daraus kann ein Stickeralbum der besonderen Art entstehen.

Projektideen, die begeistern

Bananengürtel

Um für die Kinder zu veranschaulichen, wo Bananen wachsen, können Sie mit Bananenfrüchten entlang der großen Anbauländer einen „Bananengürtel" auf eine Weltkarte legen und gemeinsam überlegen, warum die Früchte in diesen Ländern besonders gut wachsen.

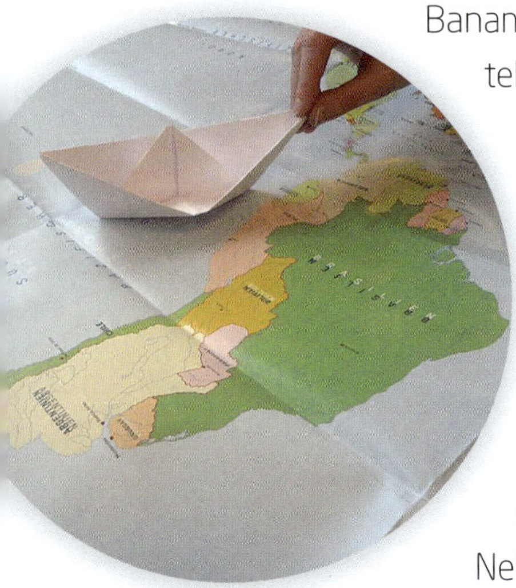

Grüne Bananen?

Warum sind manche Bananen ein bisschen grün und andere ganz braun? Beim Pflücken sind die Früchte noch grün. Um eine zu schnelle Reifung während des Transports zu verhindern, werden sie gekühlt. Erst im Land des Verkaufs reifen sie nach, sodass sie ihre gelbe Farbe erhalten.

Nehmen Sie sich Zeit und beobachten mit den Kindern die Reifung einer Banane, indem Sie die grüne Frucht auf die Fensterbank legen. Wenn die Banane gereift ist, kann sie gemeinsam vernascht werden.

Einblick in die Praxis

Bananenernte

Ein geerntetes Bananenbüschel wiegt zwischen 35 und 50 kg. Aber wie schwer ist das überhaupt? Um diese Frage zu klären, haben die Kinder der Kita „St. Bonifatius" aus Essen experimentiert: Zwei Kinder, die gemeinsam ca. 47 kg wiegen, setzen sich in einen Karton. Die anderen Kinder versuchen sie zusammen hochzuheben. „Jetzt

weiß ich auch, warum die abends so müde sind." „Ja, und warum der Junge gesagt hat, dass ihm der Rücken wehtut." Zweierteams spielen die Bananenernte anschließend nach: Während ein Kind die Bananen mit einer Machete aus Papier abschneidet, nimmt ein anderes Kind die Pflanzen entgegen und hebt sie in eine Bananenkiste. Im nächsten Schritt werden die Bananen gewaschen, sortiert und für den Transport verpackt.

Aktionen zum Banana-Fairday

Häufig dienen Bananen bei uns als Lockangebote und werden zu günstigen Preisen angeboten. Schlechte Ernten und niedrige Exportpreise wirken sich direkt auf die Einnahmen der Produzenten und Produzentinnen aus. Eine Folge davon sind zunehmend prekäre Lohn- und Arbeitsbedingungen sowie eine erhöhte Umweltbelastung in den Anbaugebieten.

Die katholische Kita „St. Georg" aus Limburg machte auf diese Problematik aufmerksam und beteiligte sich am Banana-Fairday von Fairtrade Deutschland. Auch in Gronau beteiligten sich FaireKiTAs an der Aktion. Die Kita „Pusteblume" und die DRK-Kita „Kinderladen Kunterbunt" veranstalteten ein faires Frühstück. Die Kita „Rappelkiste" backte Bananenbrote und verteilte Naschproben mit Rezept an einer gebastelten Fairtrade-Banane an die Stadtbewohner und -bewohnerinnen.

Faire Aufkleber

„Warum tragen unsere Bananen einen besonderen Aufkleber?" Dieser Frage gingen die Vorschulkinder des evangelischen Familienzentrums „St. Nicolai" in Dortmund nach. Um darauf eine Antwort zu finden, mussten die Kinder erst einmal zu dem Ort, an dem die Bananen den Aufkleber bekommen. Deshalb reisten sie in einer Fantasiereise nach Tansania. Dort besuchten sie zwei (Lego-)Plantagen, auf denen Bananen angebaut wurden – jedoch zu unterschiedlichen Arbeitsbedingungen und mit

unterschiedlichem Lohn. Gemeinsam wurde im Gesprächskreis dann beratschlagt, auf welcher Plantage es den Arbeitenden vermutlich besser geht.
Dann kamen das Fairtrade-Siegel und das BanaFair-Siegel ins Spiel: Die Fachkräfte erklärten, wofür sie stehen, und die Kinder ordneten die Siegel der richtigen Plantage zu. Anschließend wurden die Bananen per Flugzeug in die Kita eingeflogen und konnten von den Kindern probiert werden.

Bananawoche

Das DRK-Familienzentrum „Zum Regenbogenland" in Gronau hat eine ganze Bananawoche zur fairen Banane gestaltet. Hier wurden Fairtrade-Bananen gebastelt und in Kleingruppen Schokobananen und Bananenmilch für das Frühstück vorbereitet.

Bananenspiel

Die städtische Kita „Rudolph-Nagell-Straße" aus Lünen entwickelte ein eigenes Bananenspiel.
Vorlage und Spielanleitung finden Sie als Download unter www.herder.de/extras

2.4.4 Auf der Schokoplantage

Schokolade mag (fast) jedes Kind! Aber woraus wird sie gemacht? Bundesweit gehen Kitas dieser Frage nach und nehmen die Kinder mit auf westafrikanische Kakaoplantagen. Der meiste Kakao kommt von der Elfenbeinküste. Aber auch andere Länder in Westafrika, wie Nigeria und Ghana, liefern den Kakao nach Deutschland – genauso wie Ecuador und Peru in Südamerika.

Hintergrund

„Schokolade" kommt aus der Sprache der Azteken, eines Volks im alten Mexiko, und war die Bezeichnung für ihre Trinkschokolade („Xocólatl" = „bitteres Wasser"). Eines der ersten Völker, die Kakao benutzten, waren die Maya in Mittelamerika. Sie haben die zerriebenen Kakaobohnen mit Wasser und Gewürzen und manchmal auch Honig gemischt. Die Kakaobohnen besaßen hohen Wert und wurden wie Geld zum Tauschen benutzt. Da die Spanier im 16. Jahrhundert das Gebiet der Maya eroberten, haben sie die Kakaobohnen nach Europa gebracht.

Wie entwickelt sich eine Bohne? In der Kakaofrucht befinden sich helle Kakaobohnen, die von weißem Fruchtfleisch umgeben sind. Dann müssen die Bohnen gären. Durch den Zucker und die tropische Hitze zersetzt sich das weiße Fruchtfleisch und verschwindet. Indem die Bohnen traditionell auf Bananenblätter gehäuft und abgedeckt werden, durchlaufen sie einen Fermentationsprozess. Für ein paar Tage lässt man die Kakaobohnen dann noch in der Sonne trocknen, wodurch sie die typisch braune Kakaofarbe bekommen. Der Kakao wird in Jutesäcke verpackt und in großen Containerschiffen transportiert. Mehr als 400.000 Tonnen Kakaobohnen werden jedes Jahr nach Deutschland geliefert.

Heute leben über 5,5 Millionen Bäuerinnen und Bauern vom Kakaoanbau. Sie haben immer wieder mit starken Schwankungen im Weltmarktpreis, schlechten Arbeitsbedingungen und überalterten Kakaobäumen zu kämpfen. Das muss aber nicht so sein. Fairtrade setzt sich für sie ein.

Quellen:
Bundesministerium für wirtschaftliche Zusammenarbeit und Entwicklung (BMZ), www.bmz.de/de/mediathek/publikationen/reihen/infobroschueren_flyer/flyer/Stickerbuch_Schokolade.pdf
International Cocoa Organization – ICCO, www.icco.org

Materialtipp

Hintergrundinformationen, Grafiken und Anregungen: www.fairtrade-deutschland.de/produkte-de/kakao/hintergrund-fairtrade-kakao.html

Kostenlose Broschüre **„Preisgestaltung in der Wertschöpfungskette Kakao“:** www.suedwind-institut.de/index.php/de/alle-verfuegbaren-publikationen/preisgestaltung_in_der_wertschoepfungskette_kakao_ursachen_und_auswirkungen.html

Kostenfreie Broschüre „Schoko-Alarm“: www.misereor.de/fileadmin/publikationen/unterrichtsmaterial-schokoalarm-grundschule.pdf

OroVerde – Die Tropenwaldstiftung: www.regenwald-schuetzen.org

Kurzfilme von Fairtrade Deutschland: www.fairtrade-deutschland.de/service/mediathek.html

Familienfilm **„Löwenzahn Classics 167: Peters süßes Geheimnis“** (auf Nachfrage beim WDR erhältlich oder oder auf www.youtube.com, Kanal „Peter Lustig Archiv“)

Impulse für Eltern-Kind-Aktionen

Zeigen Sie den Eltern z. B. anhand von Fil-men (s. Materialtipp) den Weg der Schokolade, um die Wertschätzung für das Produkt zu erhöhen. Ebenfalls empfiehlt sich aufzuzeigen, mit welchen Arbeitsschritten wie viel Geld verdient wird. Lassen Sie die Eltern Kakaobohnen aus dem Bioladen probieren. Als Highlight können Sie mit den Familien die Schokolade selbst herstellen.

Rezept für Schokolade

- 1 EL Kakaobutter (zur Not auch Kokosfett)
- 1 EL reines Kakaopulver (kein Instantprodukt)
- 2 EL Puderzucker
- 1 EL Vanillezucker
- 2 EL Speisestärke
- 1 EL Wasser

Die Kakaobutter in einer Schüssel über dem Wasserbad schmelzen (die Schüssel darf nicht das kochende Wasser berühren). Kakaopulver, Puderzucker, Vanillezucker und die Speisestärke unterrühren. Achtung: Es darf kein Wasser in die Masse gelangen! Glatt rühren und auf ein Backpapier streichen, in Eiswürfelformen oder Backförmchen geben. Über Nacht erkalten lassen. Vorsichtig aus den Formen lösen und genießen!

Projektideen, die begeistern

Kopiervorlage

Mitmachgeschichte

„Wollen wir heute nach Afrika reisen? In ein Land, das Ghana heißt? Dann lasst uns schnell die Koffer packen! Koffer auf und alles rein: T-Shirts, kurze Hosen für das heiße Wetter in Ghana und auch die Sonnenbrille ... Koffer zu und los geht's zum Flughafen!

Erst fahren wir ein Stück mit dem Auto. Dann sehen wir schon den Flughafen und die großen Flugzeuge vor uns. Alle einsteigen ins Flugzeug! Festschnallen! Das Flugzeug rollt los und holpert. Es wird immer schneller und schneller und schon hebt es ab. Wir fliegen! Guckt mal aus dem Fenster: Alles wird immer kleiner unter uns. Die Häuser sehen wie Legohäuser aus. Und immer höher fliegen wir – bis zu den Wolken. Unter uns ist alles grün ...

Puh, wir müssen ganz schön lange mit dem Flugzeug fliegen, dabei ist das ja richtig schnell. Stellt euch mal vor, wir wären mit dem Schiff unterwegs, das würde noch viel länger dauern! Guckt mal! Jetzt ist es unter uns blau! Was mag das wohl bedeuten? Ja, wir fliegen über das Meer. Und jetzt sind wir wieder über dem Land. Das ist jetzt schon Afrika. Unter uns ist es jetzt gelb vom Sand der Wüste, es ist alles trocken. Aber schaut: Es wird immer grüner. Da, unter uns ist der Regenwald!

Und schon hören wir den Kapitän: ‚Achtung, wir werden jetzt in Accra landen, der Hauptstadt von Ghana.' Jetzt kommt die Landebahn immer näher. Festhalten! Und ruck, wir sind gelandet, das Flugzeug rollt über die Landebahn und kommt zum Stehen. Wir können uns abschnallen und aussteigen. Oh ist das warm hier, richtig schwül! Aber seht mal, wer da ist ... Wir werden schon erwartet. Da ist Naki, sie winkt und ruft uns zu: ‚Willkommen! Ich zeige euch, wo ich wohne.'"

Schokoquiz

Nachdem die Kinder die Arbeitsschritte auf einer Kakaoplantage kennengelernt haben, kann das Schokoquiz nach dem Prinzip 1, 2 oder 3 beginnen.

Wo wächst die Kakaoschote?
1. An den Ästen wie Tannenzapfen
2. An einem Busch
3. Direkt am Stamm

Wie werden die reifen Kakaofrüchte geerntet?
1. Sie werden aus dem Boden gegraben
2. Sie werden einzeln mit der Machete abgeschlagen
3. Sie werden vom Baum geschüttelt

Wie viele Kakaoschoten werden für eine Tafel Schokolade gebraucht?
1. ½ Schote
2. 2 Schoten
3. 10 Schoten

In welchem Land wachsen Kakaofrüchte?
1. In Ghana
2. In Deutschland
3. In England

Kakaomassage

Alternativ zum Quiz kann eine Kakaomassage angeboten werden, z. B.:

Sollen wir einen Kakaobaum pflanzen? Dann musst du zuerst ein Loch graben.
(von der Mitte des Rückens ausgehend die Hände wegstreichen)

Du setzt vorsichtig ein kleines Pflänzchen rein ...
(mit den Fingerspitzen den Rücken berühren)

... und drückst die Erde darum herum fest.
(leicht drücken)

Nun wächst ein kleiner Kakaobaum und er wird immer größer und größer.
(langsam von unten nach oben über den Rücken streichen)

Einblick in die Praxis

Schokoladenreise nach Ghana

Die evangelische Kita „Schüren" machte sich auf eine Entdeckungsreise nach Ghana. Mit der Mitmachgeschichte konnten sich die Kinder dem Thema Schokolade nähern. Dabei lernten sie den Kakaoanbau auf einer Plantage und die Weiterverarbeitung der Kakaobohnen kennen und machten sich mit dem Fairen Handel als Möglichkeit für gerechtere Arbeitsbedingungen vertraut..

2.4.5 Die Weltreise eines T-Shirts

Wie viele Kilometer ein T-Shirt auf seiner Weltreise unterwegs ist, lässt sich nur grob bestimmen, denn es kann durch ganz unterschiedliche Länder transportiert werden. Gewöhnlich aber hat es vom Baumwollfeld bis zu unserem Kleiderschrank ca. 46.000 km hinter sich: Das ist länger als einmal um die ganze Erde herum.
Seine Reise ist deshalb ein gutes Beispiel für die komplexen globalisierten Produktionsketten der Produkte, die wir heute im Überfluss konsumieren und oft nach kürzester Zeit wieder wegwerfen. Laden Sie mit der Weltreise eines T-Shirts die Kinder dazu ein, den Wert eines Produkts zu erfassen, unsere vernetzte Welt und nicht zuletzt ein spannendes Naturmaterial kennenzulernen!

Hintergrund

Die Reise eines T-Shirts beginnt mit dem Anbau von Baumwolle. Die Hauptanbaugebiete liegen in Indien, China, USA, Südamerika und Westafrika. Bei dem Rohstoff handelt es sich um die Samenhaare der Baumwollpflanze. Abhängig von der Art und den Wachstumsbedingungen wird die Baumwollpflanze zwischen 25 cm und 2 m hoch und bildet weiße, gelbe oder rote Blüten. Diese verwandeln sich nach der Selbstbestäubung in Samenkapseln, aus denen der Baumwollbausch quillt.
Etwa 6 bis 8 Monate nach der Aussaat können die reifen Baumwollfasern geerntet werden: je nach Land per Hand oder maschinell. Anschließend wird die Baumwolle gereinigt und zu großen Ballen gepresst.
Da Baumwolle relativ anfällig für Schädlinge ist, wird eine große Menge von Pestiziden verwendet. Ein weiterer problematischer Aspekt ist der hohe Wasserverbrauch, da die Baumwolle nur in heißen, trockenen Ländern wächst. Sowohl bei der Baumwollsaatherstellung wie auch bei der Arbeit auf den Feldern arbeiten in vielen Län-

dern Kinder mit, um ihre Familien finanziell zu unterstützen. Diese Arbeit birgt nicht nur große Gefahren für die Gesundheit der Kinder, sondern schränkt auch ihre Möglichkeit stark ein, eine Schule zu besuchen.

Impulse für Eltern-Kind-Aktionen

Weltweit werden pro Jahr ca. 20 Millionen Tonnen Baumwolle produziert. 75 % davon in Ländern des globalen Südens. Ein Großteil des Baumwollanbaus erfolgt dabei noch immer mittels massiver Bewässerung: Für die Baumwollmenge eines T-Shirts beispielsweise werden bis zu 20.000 l Wasser benötigt.

Auch die Arbeitsbedingungen sind oft katastrophal. Über 30 Millionen Menschen arbeiten in der Textil- und Bekleidungsbranche. Ihre Arbeitsplätze sind meist schlecht bezahlt und in vielen Regionen verfügen sie über keinerlei arbeits- und sozialrechtlichen Sicherheiten wie Arbeitsverträge, Krankenversicherung, Rente, Mutterschutz oder Urlaubsansprüche. Diese Missstände werden von westlichen Ländern zwar stark kritisiert. Gleichzeitig tragen wir jedoch durch unseren Konsum dazu bei, dass sich die ausbeuterischen Systeme erhalten. Mit einem durchschnittlichen Kleidungsverbrauch von 14 kg – dies entspricht in etwa 40 neuen Kleidungsstücken – liegt Deutschland im weltweiten Vergleich sogar weit vorn (der internationale Durchschnitt liegt bei 8 kg).

Es geht gar nicht darum, den Familien Vorwürfe zu machen. Viel-

Materialtipp

Filmpaket für Erwachsene inkl. **„Cottonmoney und die Globale Jeans“** (75 Min.), **„Saubere Ernte – Mavuno Safi“** (52 Min.), sowie weiterer Materialien: www.filmkraft.de/Filme/58/KING-COTTON--ein-Medienpaket

Sendung mit der Maus: **„Sachgeschichte Bunte Wolle“**, https://kinder.wdr.de/tv/die-sendung-mit-der-maus/av/video-sachgeschichte-bunte-wolle-100.html

Buchtipp für Erwachsene: Gisela Burckhardt: **„Todschick: Edle Labels, billige Mode – unmenschlich produziert“**. München: Heyne

Materialkiste **„Die Reise eines T-Shirts“**: www.saveourfuture.de/projekte-1/materialkisten

Arbeitshilfen **„Auf den Spuren der Zukunft – Bildung für nachhaltige Entwicklung in Kindertageseinrichtungen“**: https://www.gse-mv.de/materialien/arbeitshilfen-fuer-erzieher-innen

mehr sollten pädagogische Fachkräfte darauf abzielen, einen Denkprozess anzustoßen und an die Gestaltungsmacht jeder einzelnen Person zu erinnern. Dabei können auch kleine Schritte viel bewirken. Kleidertausch-Partys (s. S. 10) oder ein gemeinsames Treffen für kleine Schneiderarbeiten stoßen einen neuen Umgang mit Kleidung an.

Quelle: Kampagne für Saubere Kleidung (2012),
https://saubere-kleidung.de/discounter

Projektideen, die begeistern

Aktiv-Projekt Baumwolle

Verschiedene Stationen mit Weltkarten, Bildern, Filmclips, Büchern und vielem mehr geben den Kindern einen Einblick, wo die Baumwolle herkommt und wie daraus ein faires T-Shirt wird. Dann dürfen die Kinder selbst aktiv werden! Lassen Sie sie das Material Wolle in seinen verschiedenen Formen (Baumwolle, Schafwolle, Angorawolle ...) kennenlernen und erfühlen. Dann kommt die Handarbeit: Spinnen, filzen, weben, Stoffe färben sowie erste Nähversuche sind nur einige Ideen, die sich zum Thema anbieten. Zum Abschluss kann ein faires T-Shirt bemalt werden und eine Ausstellung mit den Kreativerzeugnissen geplant werden.

Einblick in die Praxis

Schafwolle

Das städtische Familienzentrum „Hand in Hand“ aus Dortmund nutzt seit 2013 sein großes Außengelände, um zwei Schafen ein Zuhause zu geben. Die Kinder pflegen die Tiere nicht nur, sie verarbeiten auch die Wolle weiter. So können sie alte Handwerkstechniken erproben und eine Produktionskette der Textilherstellung nachahmen.

Deko-Experten und -Expertinnen

Gemeinsam sind wir stark! Der katholische Kindergarten „St. Elisabeth“ aus Horb-Altheim holte sich Unterstützung bei einem lokalen Wollverarbeitungsunternehmen sowie einem in Indien lebenden Ingenieur, der den Kindern Indien vorstellte. Zusammen färbten die Kinder Baumwolle mit Pflanzenfarbe und dekorierten ein Fenster in der Innenstadt zum Thema faire T-Shirts.

Zum Weiterlesen

Internetadressen

BNE, Globales Lernen und Agenda 2030

- http://grosse-oetringhaus.de/wp-content/uploads/2012/03/text_kinderrechte-und-globales-lernen-in-diskussion-und-praxis.pdf
- www.bmz.de/de/ministerium/ziele/2030_agenda
- www.bne-portal.de

Garten und Kompost

- http://sevengardens.eu
- https://kindergartenpaten.jimdo.com/hochbeetbau-für-kinder/kompost/
- https://utopia.de/tag/saisonkalender
- https://wurmkiste.at/richtig-kompostieren
- www.grund-zum-leben.de
- www.umweltbundesamt.de/sites/default/files/medien/376/publikationen/151207_stg_uba_kompostfibel_web.pdf

Insekten

- www.bienenjournal.de
- www.nabu.de/tiere-und-pflanzen/insekten-und-spinnen

Kinderrechte und Fairer Handel

- https://saubere-kleidung.de
- www.suedwind-institut.de/index.php/de/alle-verfuegbaren-publikationen/fs_die_wertschoepfungskette_von_bananen.htm
- www.fairtrade-deutschland.de
- www.ilo.org
- www.kindermissionswerk.de
- www.kinderrechtskonvention.info
- www.weihnachten-weltweit.de

Ressourcenbewusst leben

- www.regenwald-schuetzen.org
- www.unesco.de
- www.virtuelles-wasser.de
- www.wasserfussabdruck.org

Literatur

Arendt, H. (2011): Entdecke die Farben der Natur. Das Werkstattbuch für Kinder. Berlin: Haupt.
Coe, S. D. & Coe, M. D. (2017): Die wahre Geschichte der Schokolade. Frankfurt am Main: Fischer.
Derman-Sparks, L./Olsen Edwards, J. (2010): Anti-Bias Education for Young Children and Ourselves. Washington: National Association for the Education of Young Children.
Fossen Brown, R. (2015): Garten-Lab für Kinder: 52 grüne Abenteuer für kleine Gärtner. Igling: EMF.
Krause, A. u. a. (2016): Inklusion in der Kitapraxis 3: Die Interaktion mit Kindern vorurteilsbewusst gestalten. Berlin: Was mit Kindern.
Pates, R. (Hrsg.) (2010): Antidiskriminierungspädagogik. Konzepte und Methoden für die Bildungsarbeit mit Jugendlichen. Heidelberg: Springer VS.
Reichenbach, P. & Erckenbrecht, I. (2017): Farbstark mit sevengardens. Das Färbergarten-Netzwerk für eine bessere Welt. Darmstadt: pala-verlag.

Beteiligte Einrichtungen

ASB-Kinderkrippe „UnserEins" in Hersbruck; BKJ-Kindergarten „St. Georg" aus St. Jöris in Eschweiler; Bilinguale Kita aus Püttlingen; DRK-Familienzentrum „Zum Regenbogenland" aus Gronau; DRK-Kita „Burg Funkelstein" in Ahaus-Ottenstein; DRK-Kita „Die kleinen Strolche" aus Gronau; DRK-Kita „Kinderladen Kunterbunt" aus Gronau; DRK-Kita „Sternenschnuppe" aus Jena; Evangelische Kita „Astrid Lindgren" aus Epe; Evangelische Kita „Burg Fitzelstein" aus Geislingen an der Steige; Evangelische Kita „Schüren" aus Dortmund; Evangelischer Kindergarten „Sonnenschein" aus Marl; Evangelisches Familienzentrum Eliaskinder „Zum Förderturm" aus Dortmund; Gemeindekindergarten Bollingen; Integratives Montessori-Kinderhaus „Schmetterlinge e. V." aus Emsdetten; Katholischer Kindergarten „St. Elisabeth" aus Horb-Altheim; Katholisches Familienzentrum „St. Marien" aus Lünen; Katholisches Familienzentrum „St. Joseph" aus Bochum; Katholischer Kindergarten Ostfildern; Katholisches Kinderhaus „St. Josef" aus Eppelborn; Katholische Kita „St. Georg" aus Limburg; Katholische Kita „St. Barbara" in Oberhausen; Katholische Kita „St. Winfried" aus Essen; Katholischen Kita „St. Suitbert" aus Essen; Katholische Tageseinrichtung „Christkönig" aus Saarbrücken; Kindergarten Altheim; „Kindergarten der Kulturen" aus Freiburg; Kita „Sonnenschein" in Mömlingen; Kita des „Studentenwerks im Saarland e. V."; Kita „Mechern" aus Merzig; Kita „Pusteblume" aus Gronau; Kita „Rappelkiste" aus Gronau; Kita „Ritterhof" aus Eschbronn; Kita „MyDagis – Kita im Kappelshof" aus Köln; Kita „MyDagis – Kita in der Wachsfabrik" aus Köln; Kolping-Kita „Lummerland" aus Velbert; Städtische Kita „Am Hallenbad" aus Korschenbroich; Städtische Kita „Franzbrunnen" aus Saarbrücken; Städtische Kita „Nobileweg" aus Stuttgart; Städtische Kita „Rudolph-Nagell-Straße" aus Lünen; Städtische Kita „Schillerstraße" aus Eschborn; Städtisches Familienzentrum Nathmerichstraße „Hand in Hand" aus Dortmund; „Villa Kunterbunt" aus Dinslaken; Waldkindergarten der „Naturschutzstiftung Senne e. V." aus Hövelhof.

Aus den farbig hinterlegten Einrichtungen stammen die Fotos im Innenteil - © FaireKita.

Weitere Fotos: FaireKita; Jasmin Geisler; © Jonas Brander (S.81 Kind mit Kugel); © sevengardens (S.38-39); © weihnachten weltweit (S.81 Kindergruppe; 82; 84).